Über dieses Buch

Es darf gelacht werden. Oder geschmunzelt. Oder auch nur nachgedacht. Und manchmal soll das Lachen im Halse steckenbleiben. Manchmal ist es auch gar nicht komisch – sondern böse. Und manchmal findet man sich selbst im Zerrspiegel wieder. Oder die eigene, ach so alltägliche, so gewöhnliche Situation. Es darf auch auf Kosten anderer gelacht werden. Auf Kosten von denen, die es bezahlen können. Weil sie auf Kosten anderer leben.

Werkkreis Literatur der Arbeitswelt

Der Prolet lacht

Humor, Satire, Witz und Ironie

Herausgegeben von
Franco Biondi, Rudi Kaske, Artur Rümmler,
Horst Scharnagl

unter Mitarbeit der Werkstätten Frankfurt und Darmstadt

Mit einem Vorwort von Dietrich Kittner

Fischer
Taschenbuch
Verlag

Originalausgabe
Fischer Taschenbuch Verlag
März 1978
Umschlagentwurf: Jan Buchholz/Reni Hinsch
unter Verwendung einer Zeichnung von Guido Zingerl
Fischer Taschenbuch Verlag GmbH, Frankfurt am Main

Gesamtherstellung: Hanseatische Druckanstalt GmbH, Hamburg
Printed in Germany
480-ISBN-3-596-22017-3

Inhalt

Vorwort 9

Üb' immer Treu und Redlichkeit

Ulrich Birkner/ Peter Fischbach	Monster-Manfred	13
N. N.	Die Schnecke und die Ziege	16
Sigfried Grundmann	Das Testament des Herrn Brummbichler	16
Wicht	Arbeiten	23
Ulrich Birkner/ Peter Fischbach	Der Sieg in der Geschenk-Tombola	23
Erasmus Schöfer	Reisauflauf	27
Johann Reiners	Der abartige Heini	28
N. N.	Fritzchen und die Ameisen .	29
Rudolf Trinks	Hannes Kowolliks Notizbuch	29
Hans-Georg Wiemers	Meine Karriere als Niete . .	31
Rolf Weingärtner	Richtigstellungen	32
Ulrich Birkner/ Peter Fischbach/ Dieter Schwenke	Revolvermann Joe Lubanski	33
Wilfried Bienek	Warum jeder Wagenwäscher Millionär wird	43
Wicht	Fließbandarbeit	46
Artur Rümmler	Der kleine und der große Piß	46
Georg Diederichs	Zwischen den Stühlen oder Die Moritat vom Kleinbürger Hugo H. .	47
Ulrich Birkner/ Peter Fischbach	Der Sänger im Supermarkt .	49
Margot Schroeder	Diagnose	59
Margot Schroeder	Freizeitgestaltung	60
Jo Mateiko	Deutsches Mädchen – bleibe rein!	62
Herbert Friedmann	Die dickste Frau der Welt . .	63

Wer nur die Obrigkeit läßt walten ...

Jürgen Alberts	Modell Deutschland – ein Wählermärchen	69
Jürgen Pawlick	Hans im Glück 1977	71
Wicht	Wirtschaftskrise	71
Wicht	Geschichtsunterricht	72
Carl Wüsthoff	Das Pudelchen und der Schlumpi	72
Johann Reiners	Oma Freese lernt schwimmen	74
Wicht	Däi und mir	75
Ralf Winkler	Tschiribinggels	75
Peter Aschenbrenner	Das Kapital	78
Jürgen Alberts	Die neue Tarifrunde	78
N. N.	Unsere Firma	80
Herbert Friedmann	Das Wörtchen »wenn« und die Ungleichheit	80
Ingrid Müller/ Claus-Jürgen Fischer	Zum Beispiel Zahnschmerzen	82
Jochen Zillig	Einstellung nach Punkten .	85
Dieter Schwenke	Tischgespräch	92
Peter Kühn	Auf der deutschen Bundesbahn	93
Thomas Roos	Ein offenes Wort	94
Dieter Schwenke	Dr. Traubes Notiz	97
Jo Mateiko	Hygiene oder Sauberkeit vor allem	98
Artur Rümmler	TENUNZIN, ein neues Medikament . . .	100
Franco Biondi	Lachen verboten	102
Jo Mateiko	Was issen ein Radikaler? . .	107
Franco Biondi	Ordnung muß sein!	108
Franco Biondi	Extremisten im Affenfell . .	112
Peter Kühn	Ein Monster steht im Felde	113
Jürgen Alberts	Lesegeräte für die bürgerliche Presse . .	114
Wicht	Schlagzeilen	116
Jürgen Pawlick	Wetterbericht	116

Wer zuletzt lacht ...

Peter Fischbach	Die bewußte Distanz	119
Carl Wüsthoff	Die drei Kaiser und die drei Schweine . . .	119
Heinrich Peuckmann	Wenn es gegen den SV geht	122
Ulrich Birkner/ Peter Fischbach	Zwischenschicht	126
Johann Reiners	Wettfimmel	129
Johann Reiners	Der berühmte Rollgriff . .	130
Johann Reiners	Die billigen Salmiakpastillen	131
Herbert Friedmann	So fest wie eine Eiche . . .	132
Wolfgang Pietsch	Ja, der Kollege Felix! . . .	134
Hilde Biondi	Der geile Chef	138
Hilde Biondi	Der flinke Chef	138
Horst Scharnagl	Ein Furz	139
Herbert Friedmann	Kollege Bildverkäufer . . .	142
Franco Biondi	Der Opa und der Unternehmer . . .	143
Carl Wüsthoff	Die Haifische und wir . . .	143
Jochen Zillig	Verbesserungsvorschlag . .	149
Jochen Zillig	Gesucht: Der Ladendieb . .	151
Thomas Roos	Die Entlassung	152
Peter Fischbach	Für die Gesundheit	154

Nachwort 155
Die Autoren und Herausgeber 157
Die Grafiker und Bildquellen 157
Werkkreis-Anschriften 158

Vorwort

Der wirkungsvollste proletarische Lacher, den ich je erlebt habe, war der, mit dem ein Arbeitgebervertreter überschüttet wurde, als er eine Ansprache an streikende Arbeiter mit den salbungsvollen Worten begann: »Meine Herren«, (und hier wurden die Kollegen schon unbändig heiter) »wir sitzen doch alle in einem Boot...« Jeder Kabarettist hätte ihn um diesen Erfolg beneidet. Der Flanellgekleidete aber hatte seine eigene Satire wohl nicht recht verstanden: Er verschwand blitzschnell, hochroten Kopfes – nicht in seinem Boot, sondern in seinem Mercedes und brauste davon, was das schadenfrohe Gelächter zum Orkan anschwellen ließ.

Das Lachen der Proleten ist aggressiv. Es kann etwas bewirken. Für Proleten, Proletarier – nach klassischer Definition solche, die nichts zu verkaufen haben als ihre Arbeitskraft – gibt es ja sonst nicht allzu viel zu lachen. Und wenn Proleten über Satiren lachen oder gar selbst welche schreiben, so hat das wenig mit süffisantem Amüsement zu tun. Hier geht es nicht um die »kleinen menschlichen Schwächen« – hier geht es um das System.

Die Satire der Proleten will nicht »Abstand halten«, »über den Dingen stehen« – bestenfalls nicht einmal mit ausgestrecktem Zeigefinger auf »Mißstände« hinweisen – sie schlägt kräftig drauf. Einen noch so ausgestreckten Zeigefinger kann man bekanntermaßen brechen – eine Faust nicht.

Man darf Satire nicht mit dem bürgerlichen Conférencier verwechseln. Satire will nicht den Lacher um des Lachers willen produzieren, nicht Gelegenheit zum »sich-mal-so-richtig-schön-Entspannen« geben, sie will Einsichten bewirken, Denkanstöße geben. Sie ergreift Partei.

Speziell ein Arbeiter kann sich den Logenplatz im Zeittheater nicht leisten. Auch nicht den im Parkett. Er steht mitten drin und macht nicht nur Stahlbleche, Schuhe oder Kugellager, sondern auch die Geschichte. Sogar wenn er das selbst manchmal noch nicht erkannt hat. Satire kann mithelfen, hier etwas klarzumachen.

Witz (nicht zu verwechseln mit Witzen) lebt zugegeben von der spritzigen Formulierung, mehr aber noch von konsequenter Logik. Man kann die Absurdität eines Systems, das dem Arbeitenden so gerade eben die Existenz ermöglicht, manchem Nichtstuer aber dicke Profite beschert, kaum besser öffentlich

vorzeigen, als dadurch, daß man die Sprüche und Schlag-Worte der Mächtigen mal spaßeshalber ernst nimmt und zu einem logischen Ende führt.
»Gleichberechtigung von Kapital und Arbeit«? – Da hört man zwar öfter, daß ein Unternehmer 100 Arbeitern gekündigt hat; aufgrund welcher gesetzlichen Bestimmungen aber ist es bei uns 100 Arbeitern möglich, einen Chef zu entlassen?
»Freie Wahl des Arbeitsplatzes«? – Natürlich, wenn man einen findet... Und dann: Wo stehen denn die Wahlkabinen in den Arbeitsämtern, damit man dort frei auswählen kann? Die Wahl ist doch wohl geheim. Oder?
»Chancengleichheit der Jugend«? – Noch vor ein paar Jahren waren die Lehrlinge – oder, wie man sie jetzt modern nennt: Auszubildende – häufig benachteiligt gegenüber älteren Kollegen. Jetzt gibt es da schon einen Fortschritt: gleiche Chancen auf Arbeitslosigkeit wenigstens.
Die »Logik«, Demokratie dadurch retten zu wollen, daß man demokratische Grundrechte abschafft, die »Logik«, mit der man Leute zu »Verfassungsfeinden« erklärt, die öffentlich den Artikel 15 der Verfassung zitieren, ist leider keine Satire mehr: Das ist schon längst Politik.

Politik ist: seine und seinesgleichen Interessen zu vertreten. Das wissen Bonner Politiker sehr genau.
Satire ist: seine und seinesgleichen Interessen zu vertreten. Das weiß der Satiriker. Und so lacht der Prolet.
Der Unternehmer lacht sich gern ins Fäustchen.
Der Prolet lacht in die Faust.

Dietrich Kittner

Üb' immer Treu und Redlichkeit

Ulrich Birkner/Peter Fischbach

Monster-Manfred

Im April 1933 wurde ich als Sohn einer Waschfrau und eines Zahnarztes in Planten un Blomen geboren. Schon als Säugling war ich überraschend gewaltig und wog 16 Pfund und siebzehn Gramm. Deshalb nannte man mich anstatt Manfred nur Monster.
Viel später erlernte ich das Handwerk eines Werbefachmannes. Als ich mit 28 Jahren wußte, daß ich nicht mehr wachsen würde, kaufte ich mir einen ambulanten Gewerbeschein und bot meine außergewöhnlichen Körperlängen und -breiten den Konzernen als Werbefläche an. Die Konzerne freuten sich über meine Einstellung zum Leben. Zuerst verkaufte ich meine Stirn an eine Strumpffabrik. Da mir sehr früh die Haare ausgingen, hatte ich bald eine Hochwand-Panorama-Stirn, die ein beliebter Werbeträger für Filmtheater wurde. Als mir auch noch die Kopfhaare ausgingen, verkaufte ich meinen kargen Skalp, ging mittags in den Trabantenstädten unter den Küchenfenstern grüner Witwen auf und ab und warb für Western-Steaklets aus Tiefkühltruhen.
Es dauerte nicht lange, da hatte ich ein Monopol auf meinem Werbegebiet und erhielt den Orden der freien Industrie: »Werbung von Mensch zu Mensch...«
Dieser Erfolg verschaffte mir neue Kunden. Bald war mein Körper ständig mit Sprüchen und Aufklebern übersät, und ich sah mich gezwungen, auf meinem Penis für eine Pillenfabrik zu werben. Als auch noch aus meinem Hintern eine schlanke Dose mit Intimspray winkte, war die Werbekraft meines Körpers endgültig erschöpft.
Doch die Konzerne überfielen mich, endlich Sprach- und Spruchwerbung zu betreiben. Das fiel mir nicht schwer, da ich mir bereits angewöhnt hatte, in Werbesprüchen zu denken und zu reden. Wenn ich in einen Imbiß ging, sagte ich nicht mehr: »Bringen Sie mir bald ein Schaschlik, bitte!« Ich sagte: »Bringen Sie mir ›Bild‹ ein Schaschlik, bitte...!« ... Und wenn ich über ein Fußballspiel zwischen Hertha BSC und Fortuna Düsseldorf sprach, dann sagte ich: »Im Olympia-Schreibmaschinenstadion, auf grasgrün, wie Irlands Urlaubsküsten-Rasen, spielte Hertha Rohr, die Rolle im Kampf der Titanen ... BSC gegen von glücklichen Glücksklee-Kühen Fortuna Düsseldorf den Balle Rum aus Berlin. Schiedsrichter war ein Herr Holländer Gurken garniert...«

Zehn Jahre lang ließ ich die Reklame auf mich einwirken, wirkte für sie. Dann ging es mit mir allmählich bergab. Es begann damit, daß ich auf Rechnungen nicht mehr mit Manfred Schwartz unterzeichnete, sondern mit »Monster-Manfred«, und hinter meinen Namen eine Fledermaus malte. Im zweiten Stadium meines Abstiegs lebte ich nur noch von Produkten, für die ich gerade warb. Als ich 12 Wochen lang »frischwärts mit Cola« eine Ganzkörper-Werbung durchgeführt und ausschließlich von Cola gelebt hatte, löste sich mein Magen auf, und ich verlor ihn im Durchfall auf der Toilette im Mainzer Hauptbahnhof.
Seitdem lebe ich im letzten Stadium meines Abstiegs. Die Chemieindustrie zeigte sich freundlich und schenkte mir einen popfarbenen Darm. Jedoch blieb die Nahrung darin kleben, wie Abfall in einem trockenen Kloknie. Nach dieser geschickten Erkenntnis fesselten mich Wissenschaftler der freien Industrie auf einem Operationstisch und schlugen mich von innen gänzlich mit Plastik aus. Natürlich nur, weil sie den Ehrgeiz hatten, die Haltbarkeit ihrer Produkte zu beweisen. Deshalb bauten sie mir auch ein Licht unter die plastischen Innereien und ein Fenster zwischen Schlüsselbeinen und Halsansatz, damit die Leute gegen Entgelt die Wunder der Chemie betrachten können.
Nach einem Jahr ohne intimen Kontakt mußte ich erkennen, daß ich für Jahrhunderte teilkonserviert war, aber auch von meiner Frau geschieden. Ohne Fressen und Frauen ist das Leben nicht biegsam genug. Deshalb nutzte ich meine letzte Lebensaufgabe und suchte nach einem lebenslänglichen Werbeauftrag. Eine bayerische Weißwurstfirma bot mir an, für sie und ihre Würste den norddeutschen Markt zu erobern. Eine dankbare Aufgabe für einen Christdemokraten. Ich sagte zu!
Die Weißwurstmanager ließen mich äußerlich einweißen, pumpten mir bayerische Luft in den Plastikbalg und dirigierten in die noch vorhandenen Freiräume mein gesammeltes Vermögen in Barwerten. Dann pumpten sie noch etwas Luft nach, gaben mir einen Klaps, tauften mich den »dynamischen Weißwurst-Zeppelin« und schickten mich mit einem »Grüß Gott« unter die norddeutschen Wolken.
Hier oben ist es mitunter kühl, aber billig. Von Zeit zu Zeit lasse ich Alimente ab. Ich bin den Umständen entsprechend zufrieden. Ich kann nicht mehr runter und will es auch gar nicht. Was soll ich auch da unten...? Ich schwebe als Denkmal der Werbung, insbesondere als tapfere bayerische Weißwurst, über der Bundesrepublik.

Ford
Das Zeichen der Vernunft.
Shell
fern schnell gut
Jaguar
BAMBUS
AFTER SHAVE
YARDLEY
BLACK LABEL
Esso
einhorn
HB
DER SPIEGEL
B M W
NIXDORF
COMPUTER
estasa
ITT
ADAC
HOM
stärkt den Mann
BILD
YARDLEY
BLACK LABEL
BECK'S

N. N.

Die Schnecke und die Ziege

Die Schnecke und die Ziege treffen sich in der großen Empfangshalle der Deutschen Bank in Frankfurt.
»Määä, wohin des Weges?« meckert die Ziege die Schnecke an.
»Zum Boß«, schlurft die Schnecke kurz und zieht unbeirrt zur breiten Marmortreppe weiter.
»Määä, sowas, da will ich auch hin«, meckert die Ziege und springt zu den Aufzügen hinüber.
Sie hat Glück, ein Aufzug steht schon bereit.
Blitzschnell zieht der Aufzug an, und huuiiii, er fährt durch, ohne anzuhalten. In der 21. Etage springt die Ziege aus dem Aufzug und galoppiert die Marmorgänge entlang.
»Wie kommst du denn schon hierher? Määä«, meckert die Ziege ungestüm los.
»Tja«, sagt die Schnecke, »hier in der Deutschen Bank, da mußte kriechen, nicht meckern, wenn du vorwärtskommen willst.«

Sigfried Grundmann

Das Testament des Herrn Brummbichler

Was im folgenden geschildert wird, ereignete sich in der Firma Raubein & Dimpfl, abgekürzt RAUDI, einer größeren Fabrik der chemischen Branche, die sich bei ihrer Gründung im Jahre 1874 noch mit der Herstellung von Sprengstoffen für den Eisenbahn- und Tunnelbau befaßte, also für friedliche Zwecke, wie in der Broschüre zum 75jährigen Bestehen der Firma im Jahre 1949 hervorgehoben wurde, ein Zusatz, den man bei der Hundertjahrfeier für überflüssig hielt. Heute produziert Raubein & Dimpfl neben Farben und Lacken auch Chemikalien zur Konservierung – vom Gartenzaun bis zum Rollmops und zum Präparieren von Tierkadavern sowie eine Spezialität, von der noch die Rede sein wird.
Es begann mit einer auffälligen Geheimnistuerei um das Zimmer 07 im Keller des alten, noch aus der Gründerzeit stammenden Verwaltungsgebäudes. Was sich in diesem Zimmer lange Zeit befand bzw. abspielte, klang einigermaßen übertrieben, so

daß Gerüchte darüber nicht ernst genommen wurden, bis dann doch alles auf überraschende Weise ans Tageslicht kam. Um die Hintergründe der mysteriösen Vorgänge aufzuhellen, müssen wir uns etwas näher mit einem ehemaligen Angestellten der Firma, dem Herrn Brummbichler, gewesener Materialverwalter, befassen, dessen Büro sich bis zuletzt in eben jenem Zimmer 07 im Keller befand.

Der Brummbichler ist schon als Fünfzehnjähriger in die Firma eingetreten, in der sein Vater vorher als Arbeiter beschäftigt war, wo er nicht nur durch Fleiß und Tüchtigkeit auffiel, sondern auch durch gewerkschaftliches und sozialdemokratisches Engagement mißfiel. Doch kehrte er aus dem Ersten Weltkrieg nicht mehr zurück. Die Witwe war schließlich froh, daß sie ihren Sohn auch bei Raubein & Dimpfl unterbringen konnte, und da der junge Brummbichler als intelligent und aufgeweckt galt, sollte er die kaufmännische Laufbahn einschlagen, um es einmal besser zu haben als sein Vater.

Um Politik kümmerte er sich nicht. Ältere Angestellte, die ihn noch als Lehrling gekannt haben, schilderten ihn als »hübschen, lebenslustigen Burschen mit schwarzen Locken und feurigen dunklen Augen«, der den Lehrmädchen und jungen Arbeiterinnen in den Gewölben des Materiallagers nachstellte, wo er später ebenso erfolgreich, wenn auch mit weniger Lustgewinn, als Verwalter tätig war.

Leute, die einen dicklichen – bayerisch ausgedrückt: wamperten – Brummbichler um die Fünfzig im »Speckjackettl« durch die Gänge schlürfen sahen, der auf ihr Grüßen allenfalls mit einem mürrischen Grunzen antwortete, konnten sich ihn als »feurigen jungen Mann« überhaupt nicht vorstellen und glaubten, er sei schon immer so gewesen.

Dabei wußten sie freilich nicht, daß ihn zwei Ereignisse gebrochen hatten: Einmal, als er mit seinem feurigen Temperament an einer wohlhabenden Bürgerstochter scheiterte, einem hübschen, ziemlich hochnäsigen Ding mit gesellschaftlichen Ambitionen, die ihn erst ein bißchen an der Nase herumführte und dann abblitzen ließ. Zum zweiten, daß sich die erhofften und auch versprochenen Aufstiegsmöglichkeiten nicht verwirklichen ließen, als ihm ein ehemaliger Offizier vor die Nase gesetzt wurde, der zwar keine Fachkenntnisse, dafür aber wenig Skrupel hatte, ihn als »Ungedienten« zu schikanieren und auf ein Abstellgleis zu schieben, in die Materialverwaltung. Hier also, im Keller, war er schließlich nach Meinung seiner Vorgesetzten am richtigen Platz.

Er überwand alle Enttäuschungen, indem er sich in die Arbeit vergrub, und war bald mit der Firma verheiratet: Er blieb

Junggeselle, lebte mit seiner Mutter zusammen und ließ sich von ihr verwöhnen. Als sie starb, war er dreiundvierzig Jahre alt. Raubein & Dimpfl wurde sein Zuhause.
Vielen wird die Feier zu seinem 40. Betriebsjubiläum in Erinnerung sein, als es sich der alte Kommerzienrat Dimpfl nicht nehmen ließ, aus seiner Villa, wo er sonst kaum noch herausfand, herüberzukommen, um dem Jubilar persönlich die Hand zu schütteln und ein paar bewegte Worte des Dankes an ihn zu richten, wobei ihm mitten im Satz: ».... und wie wir gemeinsam in guten und schweren Zeiten und in den harten Jahren nach dem Krieg...« die Stimme versagte und auch dem Jubilar die Tränen in die Augen traten. Alle waren gerührt, vom alten Hilfsarbeiter Habermoser über die Sekretärin Dinglmeier bis hin zum Prokuristen Großkopf, und sogar der Betriebsrat schluckte ein paarmal. Nur die beiden langhaarigen Lehrlinge grinsten unverschämt und kicherten in die vorgehaltene Hand, aber die heutige Jugend weiß eben nicht, was es bedeutet, vierzig Jahre lang an einem Arbeitsplatz auszuhalten.
Nach diesem Jubiläum allerdings, an dem der Brummbichler schon ein Mittfünfziger war, machten sich gewisse Veränderungen in seiner Persönlichkeit immer penetranter und peinlicher bemerkbar: Er ließ sich gehen und verlor allmählich die Distanz zu sich selbst und seiner Umgebung.
In seinem Schreibtisch befand sich eine Brotzeitschublade. Neben dem täglichen Bedarf an Lebensmitteln, wie belegten Broten oder Semmeln, Eiern, Wurst und Tomaten, Rettichen, Joghurt und Käse, Äpfeln und Orangen, sammelte sich im Laufe der Zeit darin ein ständiger Vorrat an Süßigkeiten an, wie Schokolade, Ostereier, Pralinen, Lebkuchen, Printen, Bonbons, Pfefferminz, Kaugummi, Gummibärle, an denen er fast ununterbrochen kaute, schmatzte und lutschte.
Eine Schublade tiefer befand sich das Zubehör zu seinen Tafelfreuden: ein kleines Bierglas, ein Maßkrug, ein Weißbierglas, ein Schnapsglas, eine Kaffeetasse, Neskaffee, Kondensmilch, Würfelzucker, Salz, Senf, ein Büchsenöffner, ein Flaschenöffner, ein Obstmesser, ein Korkenzieher, Löffel, Gabeln, Teller und so weiter.
Im Fach darunter lagerten die Medikamente, die Brummbichler in bunter Reihenfolge zu sich nahm: Schmerztabletten, Herztabletten, Grippetabletten, Kopfwehtabletten, Hustensaft, Nervenpillen, Schlafmittel, Aufputschmittel, Beruhigungsmittel, Kreislaufstärkungsmittel, Abführpillen...
Da er oft unter kalten Füßen litt, kaufte er sich eines Tages im Reformhaus zwei Fußbadewannen, füllte in die eine heißes, in die andere kaltes Wasser, stellte sie unter seinen Schreibtisch und

steckte, nachdem er sich vorher die Schuhe und Socken ausgezogen und die Hosenbeine samt Unterhosen hochgekrempelt hatte, die Füße abwechselnd mal in das heiße, mal in das kalte Wasser. Um während dieser Zeit nicht untätig zu sein, sah er die Post durch, blätterte in Akten oder diktierte sogar Briefe, so daß ihm niemand wegen vergeudeter Arbeitszeit Vorwürfe machen konnte. Nur wenn er während dieses Fußbades in eine andere Abteilung gerufen wurde oder Kunden kamen, sagte seine Bürohilfe am Telefon: »Bitte gedulden Sie sich noch einen Moment, der Herr Brummbichler macht gerade sein Fußbad.«
Das Wechselbad war zu seinem Privileg geworden, nicht dem einzigen, und wenn das jemand in Frage stellte, hieß es, der Herr Brummbichler kann sich das erlauben, wo er doch schon über vierzig Jahre im Hause ist. Den Jungen immer noch als Vorbild an Pflichtbewußtsein und Betriebstreue hingestellt, wurde er immer mehr zum Sonderling, der es sich angewöhnte, sogar in Filzpantoffeln herumzulatschen.
Als er einmal in diesem Aufzug zum Kantinenessen erschien, ermahnte ihn der Personalchef: »Aber Herr Brummbichler, Sie sind doch hier nicht zu Hause!« Da sah ihn der Brummbichler ganz erschüttert an und fragte: »Wie? Hier nicht zu Hause?«
Er war hier zu Hause, und sogar sein einziges Hobby hing noch zusammen mit der Firma, seine umfangreiche Käfer- und Insektensammlung, deren Einzelexemplare er mit den chemischen Konservierungsmitteln von Raubein & Dimpfl präparierte, wobei er sogar Forschungsarbeit leistete, als er einen großen Mistkäfer zum erstenmal mit dem neuen »Raudiol XL 16« konservierte und damit die Wirksamkeit des Mittels auch für diesen Zweck bewies.
RAUDI dankte es ihm mit einer Anerkennungsprämie, über seine Käfer- und Insektensammlung berichteten Betriebs- und Lokalzeitung, und eines Tages fand sich Direktor Schwarzmüller von der Werksleitung bei ihm ein, um seine Sammlung einmal ganz persönlich in Augenschein zu nehmen. Bei einer Zigarre und einem Cognac kam man sich auch menschlich näher, und der Direktor erwähnte »streng vertraulich und ganz unter uns«, daß die Forschungsabteilung der Firma gewissermaßen nebenbei auch ein Mittel zur Einbalsamierung von Leichen entwickelt habe, das besser und billiger sei als alles, was bisher dafür verwendet wurde. Nur sei es leider noch nicht möglich gewesen, »Raudiform Mumikal« auch am Menschen auszuprobieren.
»Es fehlt uns halt noch 'ne passende Leiche, lieber Herr Brummbichler«, plauderte der Direktor gutgelaunt, »wir brauchen einen Beweis. Na, das wird sich schon finden. Ich persönlich sehe da jedenfalls einen neuen Markt vor mir...«

»Glauben Sie wirklich?« meinte Brummbichler schüchtern.
»Aber ja doch«, sagte Direktor Schwarzmüller, »alle Leute wollen heutzutage möglichst lange jung bleiben, und es graust ihnen vor dem Gedanken an den Verfall ihres Körpers. Wenn wir ihnen die Möglichkeit bieten, sich zu erschwinglichen Preisen einbalsamieren zu lassen, werden sie Gebrauch davon machen, da bin ich ganz sicher.«
Brummbichler sah ihn nachdenklich an, und in seine blauen Augen trat ein schwärmerischer Glanz, der dem Direktor nicht entging. Er hatte es plötzlich eilig und verabschiedete sich mit dem Hinweis auf einen Termin. Ein paar Tage später suchte ihn Brummbichler in seinem Büro auf und überraschte ihn mit einem Angebot, das der Direktor zunächst einmal scheinbar bestürzt zurückwies. Nach einem kurzen, menschlich offenen Gespräch trennte man sich jedoch in Zufriedenheit.
Kaum ein halbes Jahr nach dieser Unterredung erlag Brummbichler an seinem Arbeitsplatz einem Herzinfarkt, als er wieder einmal – natürlich unbezahlte – Überstunden gemacht hatte. Ein Nachtwächter entdeckte ihn gegen Mitternacht, als er einen Blick durch die halboffene Bürotür warf und den Materialverwalter zusammengesunken in seinem Sessel sitzen sah. Als das Testament des so plötzlich aus einem schaffensreichen Leben Gerissenen eröffnet wurde, gab es für die Herren der Firmenleitung, ausgenommen Direktor Schwarzmüller, eine große Überraschung. Brummbichler hatte außer seiner gesamten Habe und seinen Ersparnissen auch seinen Leichnam der Firma zu Forschungszwecken mit dem neuen Einbalsamierungsmittel vermacht unter der Bedingung, daß er nach geglückter Einbalsamierung »nicht irgendwo im Lager oder im Labor« verstauben sollte. »Bitte ich daher, mich bzw. meine Mumie an meinem alten Arbeitsplatz im Zimmer 07 aufzubewahren. Auch soll dort mindestens einmal in der Woche Staub gewischt werden, am besten durch Frau Matschke, meine Bürohilfe, die auch täglich einmal nach mir sehen und immer frische Blumen auf meinen Schreibtisch stellen soll. Auch bitte ich, einmal im Jahr eine so schöne Feier bei mir bzw. meiner Mumie abzuhalten wie damals zu meinem Vierzigsten ...«
Die Erben des Brummbichlerschen Vermögens reagierten unterschiedlich. Während der immer etwas zur Sentimentalität neigende Kommerzienrat Dimpfl bewegt ausrief: »Getreu bis in den Tod und darüber hinaus!«, sagte der Personalchef ungehalten: »Was denn, soll uns jetzt der Kerl ewig vor der Nase sitzen? Und wenn die andern auch mit solchen Wünschen kommen, dann haben wir eines Tages ein ganzes Bürohaus voller Mumien!« Schließlich behielt wie immer der nüchterne Geschäfts-

sinn die Oberhand, der eine günstige Gelegenheit wahrnehmen konnte, um die Wirksamkeit von »Raudiform Mumikal« zu testen.
Nach dem Test saß der Materialverwalter also wieder in seinem alten Büro am Schreibtisch, so wie man ihn von Fotos in der Werkzeitung kannte: in der Hand eine Liste, am Ohr den Telefonhörer. Das Zimmer 07 war verschlossen, nur einmal in der Woche kam Frau Matschke, staubte Schreibtisch und Mumie ab und stellte frische Blumen auf den Tisch. Auch fand sich am Jubiläumstag einer der Prokuristen ein und richtete die üblichen Worte des Lobes und der Anerkennung an den einbalsamierten Brummbichler, wünschte der still vor sich hingrinsenden Mumie alles Gute und leerte auf ihr Wohl ein Glas Sekt, wie es gute Sitte im Hause war.
Natürlich fiel die Geheimnistuerei auf, und die Antwort auf die Frage nach dem Verbleib des Gestorbenen, er habe seinen Körper der Wissenschaft zur Verfügung gestellt, machte die Sache noch geheimnisvoller. Gerüchte gingen um. Man mußte ihnen begegnen, aber wie?
Raubein junior, Partygänger und in gesellschaftlichen Dingen auf der Höhe der Zeit, hatte einen Einfall. »Wir führen Brummbichlers Mumie in die Gesellschaft ein«, schlug er vor. »Ich gebe eine Party im Materiallager unter dem Motto ›Zu Gast bei Herrn Brummbichler‹. Im flackernden Kerzenlicht wird die Mumie bestimmt gut ankommen und für eine Gänsehaut sorgen. So was mögen die Leute. Schon aus Neugierde werden alle, die ›in‹ sein wollen, mitmachen. Eine bessere Reklame können wir uns nicht denken, und die Mumie ist auf einmal da, es wird keine Schwierigkeiten mehr geben. Wir laden uns noch einen Professor von der Uni dazu ein und lassen ihn über das Thema ›Einbalsamierung‹ referieren, dann hat das Ganze noch einen wissenschaftlichen Anstrich.«
Die Kellerparty »Zu Gast bei Herrn Brummbichler« fand an einem Samstagabend statt. Das Interesse war groß, dementsprechend der Andrang der sensationslüsternen Gäste. Die düsteren Gänge des Kellergewölbes waren durch Kerzen und Fackeln in ein unruhiges Licht getaucht. Man saß auf Kisten, Fässern und Säcken oder stand herum. Nach dem Kurzreferat eines Experten zum Thema »Die Mumifizierung im Laufe der Jahrtausende. Von den alten Ägyptern bis zu Herrn Brummbichler«, öffnete Raubein junior die Tür zum Zimmer 07, in dem der ehemalige Materialverwalter einbalsamiert auf seinem Stuhl saß. »Und nun, meine lieben Freunde«, sagte Raubein junior mit erhobener Stimme, »wollen wir unseren Party-Ehrengast begrüßen, unseren lieben, so unvergeßlichen wie unverweslichen Alois

Brummbichler, der nun schon über fünfzig Jahre hier an seinem Schreibtisch sitzt, ein treuer Mitarbeiter, der auf eigenen Wunsch als erster mit unserem neuen Einbalsamierungsmittel ›Raudiform Mumikal‹ präpariert wurde, und sehen Sie selbst, mit welchem Erfolg. ›Raudiform Mumikal‹ garantiert auch Ihnen Unverweslichkeit, meine Damen und Herren, und wer sich schon heute in die hier aufliegende Bestell-Liste einträgt, dem gewähren wir einen Preisnachlaß von mindestens zwanzig Prozent. Treten Sie ein, prüfen Sie unser Angebot...« Danach erhob der junge Raubein sein Sektglas, um der Mumie zuzuprosten, und alle Partygäste stimmten in das Hoch auf Brummbichler mit ein, der damit posthum noch in die Gesellschaft aufgenommen war, die ihn zu Lebzeiten verachtet hatte.
Danach wurde die Mumie zur Besichtigung freigegeben, und manch kluge Bemerkung fiel, zum Beispiel: »Mehr als fünfzig Jahre hat der hier unten zugebracht, da muß ja einer zur Mumie werden«, oder: »Findste das nicht ein bißchen übertrieben, was se heute mit den Proleten für einen Kult treiben?«
Die Party war ein Erfolg. Zeitungsberichte über »Raudiform Mumikal« erschienen, und Bestellungen kamen bald aus aller Welt. RAUDI konnte den Preis so hochhalten, daß er immer noch attraktiv war und trotzdem eine gewisse Exklusivität gewahrt blieb. Denn die Leute, die sich die Einbalsamierung leisten konnten, wollten auch als Mumien unter sich bleiben.
Nach dem Partyabend geriet der mumifizierte Brummbichler in Vergessenheit. Erst als eine Rezession kam, von der auch Raubein & Dimpfl betroffen waren, nahm das Unternehmen die Gelegenheit wahr, sich der mit dem Testament übernommenen Verpflichtungen auf unanfechtbare und gleichzeitig elegante Weise zu entledigen. Eines Morgens begab sich der Personalchef in Begleitung von Direktor Schwarzmüller in den Keller und las der Mumie ein Kündigungsschreiben vor, in dem es unter anderem hieß: »....zwingt uns die schlechte Absatzlage des Unternehmens zu einschneidenden Einsparungsmaßnahmen... Müssen wir unproduktive Tätigkeiten abbauen ... Sehen wir uns daher leider gezwungen, Sie zu entlassen... Bieten wir Ihnen als Abfindung eine komfortable Gruft auf dem städtischen Waldfriedhof an... Dürfen wir annehmen, daß Sie mit dieser Lösung einverstanden sind...«
Da der ehemalige Materialverwalter gegen diesen Vorschlag nichts einzuwenden hatte, wurde er ein paar Tage später in aller Stille auf dem Waldfriedhof beigesetzt. Und so war Alois Brummbichler wieder mal am richtigen Platz und fand, nachdem er der Firma bis über den Tod hinaus gedient hatte, endlich seine Ruhe.

(Erschienen in: Kürbiskern 2/1976)

Wicht

Arbeiten

Di gans wochn
ärbern wäi a sau
am wochenend
schwarzärbern wäi a sau
in urlaub
as eichne haus naafzäing
– u n d dann
ban grundich
seiner villa vorbeifoarn
dann wassd
dassd a oarschluuch bisd.

(Erschienen in: Kürbiskern 4/1976)

Ulrich Birkner/Peter Fischbach

Der Sieg in der Geschenk-Tombola

Eine Weihnachtssatire

Es war still wie in einem Leichenhaus. Der Abend von Heiligabend stand vor der Tür. Der alte Tellwig von nebenan hatte Topflappen um seinen Taststock geklebt. Er wollte den Frieden nicht stören. Man konnte die Möbel knistern hören, so still war es.
Um den Tisch herum saßen: meine Mutti, Vati, Onkel Ewald, Bruder Peter, Schwester Lilo, meine Freundin Petit-Hildchen und – ich natürlich. Erwartungsfroh trugen wir unsere neuen Ski-Pullover aus dem Advents-Super-Sonderangebot des Quarz-Otti-Post-Frei-Haus-Versands und die Männer unter uns sogar brandneue Unterhemdchen.

Vati versuchte zur Feier eine Rede:

»Laßt uns dankbar sein. Dankbar, daß der Kelch der Krankheit und die Bürde der Arbeitslosigkeit immer noch von uns fern ist. Hoffen wir auf Brot und Frieden – statt Sozialismus. Amen!«

Mutti meinte, nicht ohne einen liebevollen Tadel: »Aber Vati, du hast Onkel Ewald in die Bitte nicht mit einbezogen! – Er ist doch schon lange arbeitslos.«

Doch Onkel Ewald rief rührig: »Macht nichts. An den Quatsch glaub' ich sowieso nicht, Prost!«

Da war der heilige Frieden zum ersten Mal leicht gestört. Aber Mutter stimmte schnell ein Weihnachtslied an:

»Ooh Du-hu fröh-li-che-he
O-ho Du see-he-li-che-he...«

Als wir das alles mit unseren schönsten Stimmchen gesungen hatten, schob Vater den Stecker in die Dose: Plötzlich war endgültig Weihnachten. Der Tannenbaum lächelte lichterloh und strahlte eine solche Freude aus, daß wir sogar Appetit bekamen. Es gab Makkaroni-Salat mit Bockwurst. Draußen brüllte jemand: »Scheiß Heiligabend ... alle Kneipen sind dicht!«

Das überhörten wir, und Mutter summte zwischen einem Schluck Malzbier und einem Haps Wurst: »Es ist ein Roo-hos entspru-hu-hungen.«

Es war wirklich sehr schön.

Alle rochen sauber nach Seife. Der Tannenbaum strahlte vor Sternchen. Niemand war krank. Die Katze lag auf dem Gasherd. Bier und Korn waren genug da. Der Fernseher war nicht kaputt. Es war schön.

Da unterbrach Onkel Ewald die Stille: »Carl, habe gehört, bei euch hat man vor Weihnachten 17 Leute entlassen?«

»Mich nicht«, sagte Vater.

»Habe gehört, im März sollen noch mehr entlassen werden. Du auch?«

»Glaub' ich nicht«, brummte Vater böse.

»Des Menschen Glaube ist sein Himmelreich, wie?!« kicherte Onkel Ewald, Mutter stimmte schnell ein neues Liedchen an:

»Vom Himmel ho-hoch, da ko-homm ich her.«

Dann kündigte Vater an, daß er satt war. Er rülpste. Die Frauen lächelten. Tafelwein und Tafelwasser kamen auf den Tisch. Wir stießen an, und Vater trank den Wein wie Limonade. So durstig war er. Schließlich rief Bruder Peter: »Hurra, es ist Weihnachten!« und stellte das Radio an, um Glockenläuten zu hören.

Da wurden alle andächtig und müde, doch ich hieb mit der Faust auf den Tisch und rief: »Nun aber die Geschenke, es wird Zeit,

daß wir wissen, woran wir sind.« Bruder Peter wurde noch hippeliger und fragte fröhlich-frech: »Vati, bekomme ich denn nun Karl May: ›Gesammelte Werke mit Metallic-Einband‹?«
Vater zeigte sein zahnsteinreiches Gebiß mit den Paradonthose-Rändern angemessen freundlich und nickte geneigt: »Natürlich mein Sohn, Gott sei bedankt – es wurde möglich!«
Onkel Ewald gluckste: »Gott gab Überstunden.«
Peter aber fuhr Mutti in die frische Dauerwelle und quängelte: »Und Mutti, bekomme ich den neuen Ranzen aus Fiberglas?«
»Natürlich«, höhnte Onkel Ewald. »Der Quarz-Otti-Versand machte es möglich.«
Mutti wandte sich an Bruder Peter und sprach: »Mein lieber Junge, achte den Ranzen gut. Vier Wochen Extraarbeit für fünf Mark Stundenlohn.«
»Na also«, sagte Peter. »Ist ja prima. Klappt vorzüglich.«
Plötzlich ertönte Lilos schriller Schrei: »Mutti, es schneit!«
»Scheiß Schnee«, maulte Onkel Ewald. »Holt die Gemeinde mich morgen zum Fegen.«
Davon aber wollten wir jetzt nichts wissen. Wir sangen bewegt:

»Lei-heise rieselt der Schnee
sti-hill und sta-harr ruht der See.«

Nur Onkel Ewald saß starr und blickte stumm nach draußen in die Dunkelheit.
Endlich klopfte Vater an eine Weinflasche, stand auf und sprach: »Frieden sei mit euch. Laßt uns jetzt mit der großen Geschenk-Tombola beginnen. Der letztjährige Gewinner war…?«
Und alle – außer Onkel Ewald – brachen in Jubel aus und stießen ihre Gläser auf meinen Namen an. Ich lächelte etwas verlegen, aber überwiegend überlegen, in die Runde – und – vor allem meine Freundin Petit-Hildchen an. Ich war sicher, ich würde auch diesmal gewinnen. 800 Überstunden im Jahr sind doch Kaufkraft!
Und so schritten wir in das Wohnzimmer, wo ein zweiter und mächtiger Tannenbaum stand.
Vater steckte auch hier den Stecker in die Dose, und es wurde uns strahlend hell und tief weihnachtlich zumute. Neben dem Tannenbaum lag, unter Lametta-Schimmer vergraben, der Geschenkberg. Ich als Champ hielt mich erstmal zurück und stand ruhig abwartend unter einem gedruckten van Gogh. Jetzt knisterten Spannung und Packpapier. Bänder rissen, Schleifen fetzten und wurden zu wilden Haufen neben den Ölofen geschmissen. Na, und was soll ich berichten: Ich erhielt ein Trinkrohr aus Kristallglas, Mutti sechs Perücken aus Affenhaar, Vater bekam einen Satz Bambus-Trillerpfeifen für seinen Job als Vorarbeiter, Lilo ein Getränke-Abo. Peter strahlte über ein

Samurai-Schwert aus Solinger Stahl, und Petit-Hildchen zerlegte entzückt ihre 18 ineinander verschachtelten Blumenvasen, die größte drei Zentimeter klein. Ewald erhielt zwei Socken und eine Taschenlampe mit einem Dutzend Ersatzbirnen. Von wem im einzelnen die einzelnen Geschenke kamen? Das weiß ich nicht mehr; ich hing meinen eigenen Geschenken nach und rechnete mit, ob ich es wieder schaffen würde. Ich erinnere nur noch, daß Petit-Hildchen mir eine Teppich-Klopfmaschine für meinen samtüberzogenen Sportwagen schenkte und dafür einen trockenen Kuß erhielt. Na, und dann kam ich an die Reihe.
Meiner Rolle als Champ wohl bewußt, stand ich gediegen unter dem gedruckten van Gogh. Mit cäsarischer Gönnergeste zeigte ich auf den verbliebenen Haufen Papierprachten neben dem Tannenbaum.
Dann sagte ich kühl und betont meine Geschenke herunter: »Für Vati einen in Eichbaum gefaßten, elektrischen Rasierer und ein glasbausteinernes Feuerzeug mit eingelassener Spieldose.«
Muttis Augen wurden hellblau.
»Für mein Hildchen eine mandelhölzerne Mini-Gitarre mit Klappeffekt und eine atomgetriebene Toilettenuhr.«
Vati feuerte mich mit Blicken an. Ich hob nun die Stimme etwas: »Für Lilo einen Farbfernseher mit Quadrophonie und für Mutti 67 Einweg-Bettlaken, schwarz-weiß gestreift.«
Vati ballte die Fäuste und nickte mir eifrig zu.
»Für Peter ein nierostendes, betonüberzogenes, eisernes Mofa, für Ewald ein Kartenspiel mit Goldrand und Gucklöchern.«
Da riß Vater die Arme nach oben und brüllte: »Jaaa, er hat's wieder mal geschafft. Das ist der erste Platz!« Und sie hoben mich alle unter die Decke und schwenkten mich rundum, bis mir der tote Adventskranz in den Nacken rieselte. Sektkorken zischten durchs Wohnzimmer, eine Scheibe zersprang. Musik wurde angestellt. Jemand legte »La Paloma Blanca« auf, Mutter zwitscherte den Radetzkymarsch, und dann überreichte man mir die von Vater selbst geschmiedete fünf Pfund schwere, eiserne Tannenbaumkugel mit Kette und Gravierung zum Zeichen meines Tombola-Sieges.
Es war schön.
Es war sehr schön.
Plötzlich tuschelte Peter in den Trubel: »Ja, und was hat uns Onkel Ewald beschert?«
»Seine Anwesenheit«, sagte Vater kühl.
Da lachten wir fröhlich, aber Onkel Ewald erhob sich und antwortete: »Ich habe auch etwas für euch, steht draußen im Stall.«

»Nicht wahr«, rief ich. »Du hast uns was gebaut. Vielleicht einen Stiefelknecht?«
»Nein«, meinte Ewald. »Sowas nicht.« Er ging nach draußen in den heimlich fallenden Schnee und kam wenig später mit einem Sack zurück, den er glücklich zwischen die Schenkel klemmte. Er sagte nur ein Wort, ganz sanft, liebevoll und feierlich: »Kartoffeln!«
Eine Sekunde lang wurde es unheimlich still, und ich dachte: Jetzt mußt du die eiserne Kugel abgeben. Nur die Nadel auf der abgespielten Platte hüpfte geräuschvoll. Dann aber hatten es alle verstanden: Mutter juchte spontan in Onkel Ewalds Arme und schluchzte: »Oh, er hat Kartoffeln, Kartoffeln hat er!« Ich glaube, sie weinte, und wir hatten begriffen: Morgen, am ersten Weihnachtstag, sollte es nach langer Zeit wieder mal Kartoffeln geben.
Als wir uns beruhigt hatten und weihnachtliche Würde die Ausgelassenheit verdrängte, ging Vater forsch auf Onkel Ewald zu, fragte fest, aber in diskretem Tonfall: »Wo hast du den Kredit aufgenommen, Ewald?«
Der Onkel lächelte: »Gar nicht, die habe ich von Tante Lisa zu Weihnachten bekommen: per Bahnpaket aus Dresden.«
Da überkam uns eine nicht zu vertuschende Befremdung. Wir sagten nichts, aber wir dachten uns was. Der Sack stand beklemmend in der geöffneten Tür, vom Schnee sanft berieselt.
Vater fröstelte, dann sprach er als Oberhaupt das aus, was wir alle dachten: »Kartoffeln zu 4,50 den Zentner, und dann noch von drüben, essen wir nicht.« Und nach einer angemessenen Pause lenkte er gütig ein: »Aber als Saatkartoffeln werden wir die Dinger verwenden, okay Onkel Ewald? – Und nun komm' rein.«

Erasmus Schöfer

Reisauflauf

Herr Schulze besucht zum erstenmal seine Schwester in Zwikkau. Große Wiedersehensfreude! Stoff genug zum Erzählen – die Kinder, der neue Opel Kadett, auf Raten natürlich, der angesparte Wartburg, in einem Jahr fällig, Bayern-München und Dynamo-Dresden.
Zum Mittag gibt es saftigen Milchreis. Gut gekocht, denkt Schulze, die Schwester kocht nicht schlecht. Auch zum Abend-

brot Reispudding, wahrscheinlich der Rest vom Mittag, die Schwester war immer eine gute Haushälterin, und irgendwo muß der Wartburg ja herkommen.
Am nächsten Mittag allerdings erneut steifer Reis. Herr Schulze hat lange Zähne, verkneift sich aber eine Frage nach den Versorgungsschwierigkeiten in der Planwirtschaft, lieber keine Politik. Abends, beim Reisauflauf, platzt ihm dann aber doch der Kragen. Er fragt, Anteilnahme in der Stimme: »Sag mal, Emma, habt ihr denn hier wirklich nichts andres als Reis? Nicht mal ein paar Kartoffeln?«
Seine Schwester lächelt freundlich: »Weißt du, Kurtchen«, sagt sie, »normalerweise essen wir schon andre Sachen. Aber du solltest doch wissen, was ihr uns jahrelang geschickt habt –«

Johann Reiners

Der abartige Heini

Hab Oma Freese heute morgen vom abartigen Heini erzählt. Sach ich: »Oma Freese«, sach ich, »wissen Sie wohl, was'n so unter ›abartig‹ versteh'n tut?«
»Och, Jan«, sacht sie, »›abartig‹? Das is, jawoll – is jawoll, wenn einer so'n büschen plemm-plemm is, nich?«
»Nee«, sach ich, »Oma Freese, »richtig verrückt is das wohl nicht, wohl nicht, wenn einer abartig ist. Abartig, mein ich, ist das zum Beispiel, wenn einer daran glaubt, er braucht keine Gewerkschaft, daß er da ohne zu kann, daß er weiterkommen tut, wenn er um den Chef umzu ist, sich anschmier'n tut, mein ich. Jüstemang so, als der Heini Büssenschütt beim Sandschippen! Kennen Sie den nicht, Heini Büssenschütt? Na, is ja auch egal! – Wie der den Chef von weiten geseh'n hat, hat der wie doll drauflos geschippt. Kommt der Chef auf ihn zu und sacht denn: ›Gut, gut, Büssenschütt, wie Sie so den Sand schmeißen! Macht mir Spaß! Von morgen an soll'n Sie auch 'n Mark mehr verdienen.‹
Sacht darauf der Heini und tut verlegen: ›Och, Chef‹, sacht er, ›das tut doch nun nich nötig! Nein, nein, kaufen Sie mir man lieber für das Geld 'n größere Schaufel!‹«
Sacht Oma Freese zu mir: »Jan«, sacht sie, »du bist'n ganz asigen Lügenbüddel, bist du!«
»Nee, nicht, Oma Freese«, sach ich, »ich wollt Ihnen doch man bloß verklockfiedeln, was ›abartig‹ ist.«

N. N.

Fritzchen und die Ameisen

»Die Ameisen sind bewundernswerte Tiere«,
schwärmt die Lehrerin im Biologieunterricht,
»sie sind stark, sie tragen das 20fache
ihres eigenen Körpergewichtes, ohne zu murren,
und das 24 Stunden am Tag, ohne eine einzige Pause!«
Fritzchen meldet sich und gibt zu bedenken:
»Ei, die habbe ja aach noch kaa Gewerkschafte!«

Rudolf Trinks

Hannes Kowolliks Notizbuch

Über Hannes Kowollik gibt es viele Meinungen, in einem aber sind sich alle einig: daß Hannes kein Bier vertragen kann.
»Alle mal herhören!«
Breitbeinig, ein wenig schwankend stand Hannes auf dem Bürgersteig in der Zechensiedlung, ein ausgefranstes Notizbuch in der linken, einen Bleistiftstummel in der rechten Hand und versuchte, das Gleichgewicht zu halten.
»Ach, du bist es wieder, Hannes.« Frau Nigirski steckte ihren Kopf aus dem Fenster.
»Immer dasselbe mit dir«, rief ihm Frau Grässer herunter, »wenn du gesoffen hast, versprichst du uns Hilfe, willst sogar mit dem Alten sprechen, aber halten tust du doch nichts.«
Frau Nigirski nickte zustimmend.
»Alle mal herhören!«
Hannes machte eine energische Handbewegung, verlor für einen Moment das Gleichgewicht, drohte vornüber auf die Straße zu fallen, fing sich aber sofort wieder.
»Ich komme soeben vom Pütt. Ihr Mann, Frau Nigirski, der Heinz, ich weiß. Die gefährliche Arbeit am Kohlenhobel, letztes

Jahr die schwere Verletzung. Habe den Fall schon notiert. Gefahrenzulage, dazu leichtere Arbeit.«
Mit dem Bleistiftstummel malte Hannes umständlich in dem Notizbuch herum, während Frau Nigirski lächelte. »Schön wär's ja, Hannes.«
»Und ihr Werner, Frau Grässer, immer noch Wechselschicht auf der Kokerei, stimmt doch? So eine schöne Frau und dann nachts auf dem Pütt. Ab morgen nur noch Frühschicht und mehr Geld dazu!«
»Von wem denn? Von dir vielleicht, Hannes?«
»Das laßt nur meine Sorge sein. Immer dem Hannes vertrauen!«
In die Siedlung war Leben gekommen. Fenster für Fenster öffnete sich, und Hannes war in seinem Element, stellte Fragen, schrieb in sein Notizbuch, versprach Abhilfe, ließ Gelächter über sich ergehen und zog langsam die Siedlung hinauf.
Am Ende der Straße klappte er sein Notizbuch zu, steckte es sorgfältig in die Innentasche seiner Jacke, steckte auch den Bleistiftstummel ein und verkündete: »Das Maß ist jetzt voll. Ich geh' jetzt sofort zum Alten, dem sag' ich die Meinung. Da wird sich was ändern.«
Gröhlendes Gelächter, Zurufe: Feigling, Schaumschläger, während Hannes auf unsicheren Beinen hinter der Ecke verschwand.
Es dämmerte schon leicht, als Hannes das Ziel seines Denkens, das Haus des Direktors, trotz aller Widrigkeiten erreichte. Eine artistische Glanzleistung!
Im Fenster des Obergeschosses lehnte schwer und massig eine Gestalt. »Hab' ich dich endlich! Damit hättest du wohl nicht gerechnet, was?« Die Gestalt im Fenster neigte den Kopf ein wenig, legte ihn schief, einmal links, einmal rechts.
Hannes reckte drohend die Faust in die Höhe. »Ja schüttle nur dein weises Haupt. So billig kommst du mir diesmal nicht davon. Also Sachen hab' ich da wieder zu hören bekommen! Die Arbeit von Heinzi Nigirski, viel zu gefährlich, der Werner Grässer immer auf Wechselschicht, und seit Rudi Lamprecht krank feiern muß, hat die Familie kaum Geld. Das wird geändert! Jawohl, geändert! Auf dem Pütt bist du immer so schnell weg, aber jetzt kommst du nicht so leicht davon. Man sollte dir die Scheibe einschmeißen.«
Hannes bückte sich, griff nach einem Stein, hatte Mühe, wieder hochzukommen, während sich die Gestalt im Fenster drohend erhob und ein knurrendes Geräusch von sich gab.
»Ja, lach nur«, schrie Hannes, »das wird dir gleich schon vergehen. Hier«, und dabei zog er sein lädiertes Notizbuch aus der

Tasche, »hier steht es schwarz auf weiß. Nigirski, Grässer, Lamprecht. Nur Klagen, nur Beschwerden. Was ist nun? Soll ich raufkommen?«
Mühevoll steuerte Hannes den Vorgarten an, während die Gestalt im Fenster immer unruhiger wurde, noch lauter knurrte und spitze, weiße Zähne sichtbar wurden. Gerade als Hannes das Vorgartentor erreichte, bog Richard Gemballa um die Ecke, erkannte sofort die Gefährlichkeit der Situation, lief zu Hannes hinüber, riß ihn an den Schultern zurück und rief: »Mensch Hannes, laß das! Das Vieh ist gefährlich. Der Köter zerreißt dich, wenn du den Garten betrittst. Und warum krakeelst du überhaupt so laut vor Manni Pichockis Haus herum?«
Nur mühsam gelang es ihm, Hannes von dem Haus, aus dem ihnen lautes Kläffen nachhallte, die Straße hinaufzuschieben, während Hannes noch immer meckerte und nörgelte, bis er sich schließlich von Richard Gemballa losriß und alleine die Straße hinaufwankte.
Kurz bevor er um die Ecke bog, blieb er noch einen Augenblick stehen, schüttelte lange den Kopf, und Richard Gemballa konnte noch hören, wie Hannes sagte: »Der ist ja noch schlimmer, als ich ihn in Erinnerung habe, der Alte.«

Hans-Georg Wiemers

Meine Karriere als Niete

Ich arbeite in einer Nietenfabrik. Es gibt Rohrnieten, Hohlnieten, Senkkopfnieten, Flachkopfnieten, Rundkopfnieten und Lehrlinge. So eine Niete bin ich. Mein Chef meint das jedenfalls. Überhaupt scheint er sehr viel für uns Nieten übrig zu haben, denn er verdient ja nicht schlecht an uns. Deshalb duzt er uns auch, während wir »Sie« zu ihm sagen dürfen.
Nach der Fertigung werden wir Nieten gelesen, das heißt, wir werden aussortiert und die schlechten verschrottet. Neulich wäre ich auch beinahe verschrottet worden.
Drei Wochen vor der Abschlußprüfung eröffnete mir der Alte, wie wir den Seniorchef liebevoll nennen, wenn er es nicht hört, wenn ich die Prüfung hinter mir hätte, könnte ich gehen. Die Auftragslage würde zeigen, daß nicht mehr so viele Nieten gebraucht würden.
Außerdem hat er etwas gegen gewerkschaftlich organisierte und politisch links stehende Nieten. Und Nieten mit langen Haaren,

Bart und Kassenbrille, wie ich, sind ihm auch zuwider. Er ist übrigens in der Partei, die sich christlich nennt.
Im Gegensatz zum Betrieb war ich in der Berufsschule gerade keine Niete, sondern ziemlich mittelprächtig. In der schriftlichen Prüfung bin ich mit den Nerven ziemlich runtergewesen und konnte mich einfach nicht konzentrieren. Man kann auch zuviel pauken. So baute ich nur eine schlechte Vier, die ich in der mündlichen nicht mehr hätte verbessern können.
Da habe ich an die Auftragslage und die Arbeitslosenzahl gedacht und den Typen vom Prüfungsausschuß was vorgestottert.
Das halbe Jahr bis zur Wiederholung der Prüfung kann der Alte ja noch seine Freude an mir haben, denn er hat ja was übrig für uns Nieten...
Nachtrag: Diesen Text schrieb ich vor einem Jahr. Inzwischen, nach bestandener Prüfung, bin ich doch verschrottet worden. Der Alte hat eine neue Niete als Lehrling eingestellt, für die er wieder was übrig hat.

Rolf Weingärtner

Richtigstellungen

Die Gewinne von heute sind die Investitionen von morgen und die Arbeitsplätze von übermorgen.
Die Gewinne von heute sind die Rationalisierungsinvestitionen von morgen und die Arbeitslosenplätze von übermorgen.

– – –

»Bist du politisch aktiv?«
»Nein.«
»Wieviel Überstunden machst du im Monat?«
»Im Durchschnitt zwanzig.«
»Also doch!«

– – –

»Die blöde Politik jetzt auch bei Olympia.
Ich finde das ganz bekloppt!«
Am nächsten Morgen beim Frühstück: »Das ist ja Klasse. Beim Hundert-Meter-Lauf der Frauen hat die DDR von uns eine auf den Deckel gekriegt. Das tut mir richtig gut. Diese Schweine!«

Ulrich Birkner/Peter Fischbach/Dieter Schwenke

Revolvermann Joe Lubanski

Josef Lubanski war ein Verfechter des Freien Wilden Westens und ein glühender Verehrer von Wild-West-Romanen. Und als er beim Cowboyspielen im Alter von 18 Jahren zwei Hiebe über den Schädel bekam, so daß ihm nach eigener Aussage Wyatt Earp in der Luft erschien, eingerahmt vom Sternenbanner der Vereinigten Staaten – da veränderte sich das Leben Lubanskis, und er fühlte sich fortan als Revolvermann, ruhmreich wie Wild-Bill Hickock und Billy the Kid.
Vielleicht wäre es sinnvoller gewesen, wenn der Junge bereits in diesem Stadium in die Obhut erfahrener Ärzte gekommen wäre. Statt dessen abonnierten seine Eltern die Western-Reihe »Der Texaner kommt«.
Wir wurden auf Joe Lubanski durch unseren Onkel aufmerksam, der leitender Arzt in den Geschlossenen Städtischen Anstalten ist. Wir erinnerten uns an die verflogenen Schlagzeilen der Presse über seinen Fall. An einem Nachmittag besuchten wir das Archiv der bundesdeutschen »Bilder-Zeitung« und fanden die entsprechenden Ausgaben.

21. 8.: BLUTBAD IN DER HEIDE

22. 8.: FEMEMORD?
Revolvermann schießt auf Viehdiebe

23. 8.: WIE ES WIRKLICH WAR!
Das Schuß-Stakkato im Morgengrauen

24. 8.: SIE NANNTEN IHN LYNCH-LUBANSKI

Und dazu die Berichte und Reportagen. Bluttriefend, angsterregend. Geistesprodukte vertrunkener Schreibtisch-Täter. Der Ekel über diese Berichterstattung war es letztlich, der uns veranlaßte, Joe Lubanski in seiner neuen Umgebung aufzusuchen.
Am 11. April besuchten wir Joe, den blassen, großen Jungen mit der Pagenfrisur und den klaviertastenartigen, geschmeidigen Fingern, die ständig etwas angewinkelt auf Gürtelhöhe baumeln und sich nach jedem Türenknall sofort verkrampfen und blitzartig in die Höhe zucken. Auf dem Haupt trägt er einen mühsam verformten Filzhut, dazu ein mit bunten Farben selbst kariertes,

ehemals weißes Anstaltshemd und »Chaps« über die weiße Hose geschnallt. Er spricht ein beinahe lyrisches Deutsch mit englischen Brocken und ist ständig bemüht, einen harten Gesichtsausdruck zu zeigen, selbst beim Essen und Trinken. Schüchtern tippt er zur Begrüßung an seinen verformten Filzhut, zieht am Gurt die Hose höher und sagt: »Well Gents, schätze, Sie wollen meine Geschichte schreiben...?«
Er deutet mit dem Kopf, ihm zu folgen. Wir gehen auf einen blumengeschmückten Raum zu. Plötzlich taucht hinter einer spanischen Wand ein Mann auf. Groß, breitschultrig, mit glatten, gescheitelten schwarzen Haaren und einem peinlich gebügelten Anstaltsanzug. Joe bleibt stehen, tritt einen Schritt zur Seite und sagt zu dem Mann: »Mister Cotton, schätze, wir schießen uns später. Ich hab' jetzt Besuch.« Und der, welcher sich Jerry Cotton nennt, erwidert ruhig: »Sure Lubanski, eines Tages wird es soweit sein.« Dann wendet er sich ab, in den langen, erleuchteten Flur, und wir hören ihn noch minutenlang monoton rufen: »FBI, bitte kommen... FBI, bitte kommen. FBI ... warum antwortest du nicht!«
Das gab uns zu denken. Jedoch nicht Joe. Der sitzt locker da im Blumenraum und dreht nach Western-Art mit einer Hand die Zigarette, während die andere, die rechte Hand, lauernd neben den Chaps baumelt. Joes Gesicht ist hart unter dem Pagenschnitt, er beißt ständig die Backenzähne aufeinander. Seine Augen, sekundenlang leuchtend blau und jungenhaft, verengen sich zu lauernden Schlitzen, als sie das Feuerzeug auf dem Rauchtisch suchen. Schließlich klopft er die Zigarette auf seinen Knien rauchreif, zündet sie an und zieht genüßlich und vollendet kunstvoll den Rauch in seine jungen Lungen. Dann erzählt Joe:
»Yeah, Mister, eigentlich begann meine Laufbahn als Revolvermann an dem Abend, als ich beim Cowboyspielen im Alter von 18 Jahren zwei Schläge auf den Schädel bekam und ins Krankenhaus eingeliefert werden mußte. Yeah, Buddy, und nach einer Woche Krankenhaus stieg ich nachts einfach durch das Fenster davon, ging nach Hause, heaven. Aber da war niemand. Mutter war auf Nachtbar-Arbeit. Damals sparten wir gerade auf ein Wüstenrot-Reihenhaus. Vater war im Saloon. Ich also die Etagentür mit der Schulter eingerammt, und dann, yeah, dann habe ich die neuen Hefte über John Tex gelesen, die Vater für mich am Kiosk gekauft hatte. By Gosh, und da saß ich also im Sessel, draußen heulte der Wind unter den Fenstern, und die Uhr stieg auf Mitternacht zu. Als ich das dritte Heft beinahe durchgelesen hatte, stieß ich auf den Revolverkampf zwischen John Tex und Muff Porter. Kennen Sie Muff Porter, den Bandenboß der

Lasso-Bande aus dem berühmten Wild Bunch? Seit über 70 Heften verfolgte John Tex diesen berüchtigten Muff Porter. Und nun endlich, um Mitternacht an jenem Tag, sollte ich das Glück haben, miterleben zu dürfen, wie John Tex Muff Porter in die Ewigkeit schießt. Ich weiß nicht genau, ich zitterte am ganzen Körper, als ich die Szene verschlang. Ooh, ich kann sie noch heute im Kopf hersagen, so ungeheuer dramatisch ging das zu. Hier – heaven – hören Sie, wie es in Heft 758, Kapitel 13, Seite 54, geschrieben stand:

John Tex stand breitbeinig, mit wiegenden Hüften, kalten Schultern und einer Satteltasche voller Bisquits, gegen die Übermacht einer Spelunke am Red-River an. Das Tanzmädchen Erika bewarf John Tex mit einem Happen Pferdefleisch und lächelte gewinnend wie eine Blumenvase. Ein Akkordeonspieler am alten Klavier spielte die Serenade der himmelweiten Prärie. Staub und der beißende Geruch heißer Rinder fächelte über die mit Sägemehl und Sojabohnen bestreuten Dielenbretter. Aus der schweigsamen Masse der anderen trat Muff Porter vor. Ein Mann wie ein Pulverfaß, gleichmäßig behämmert von oben und unten. Grinsend spuckte er seinen Priemsaft gegen die Petroleumlampe. Es zischte, und er zog blitzschnell blank. Aber John Tex war um eine ganze Zehntelsekunde schneller. Rasendes Ungewitter breitete sich aus, Feuerlanzen flitzten auf Porter zu, schlugen exakt zwischen seine Hosenträger. Und während noch feine Rauchfahnen auf seinem karierten Hemde kräuselten, kullerte Muff Porter zu Boden, wo er umgehend sterben mußte ...«

Yeah, Buddy, und nachdem ich diese Kampfbeschreibung gelesen hatte, war ich ausgebrannt und ausgehöhlt. Leer lag ich im Sessel. Das Heft hing wie ein Handtuch an mir herunter. Endlich kam ich wieder taumelnd auf die Beine, wankte an den Alkoholschrank von Pa, tat mir drei Whisky mit Wasser rein, und als ich wieder erschöpft im Sessel weilte, kam mir plötzlich ins Gedächtnis, daß über uns, im 6. Stock, ein gewisser Muff Porter wohnte, ein Bankangestellter aus Amerika. Tja, und da ist es irgendwie über mich gekommen. Ich erhob mich, kippte mir eine Schüssel mit Eiswasser über den Kopf, stapfte nach draußen in den Fahrstuhl, fuhr nach oben und klingelte an der Haustür von Mister Muff Porter, dem amerikanischen Bankangestellten.
Seine Frau öffnete. »Huch«, hauchte sie. Ich murmelte: »Good afternoon, Madam, schätze, ich möchte Mister Muff Porter sprechen.«
»Muffi«, rief sie nach hinten. »Muffi, hier ist ein Fremder, der

dich sprechen möchte.«
Muff Porter tauchte auf. Sein Gesicht zeigte offene Überraschung. Er war barfuß, trug einen Bademantel und wirkte überhaupt nicht wie ein Westernboß, sondern eher wie ein regionaler Partylöwe. Lady Porter trug nur eine Intimgarnitur und zog sich sofort wieder zurück.
Muff Porter grüßte: »Guten Abend«, und schon hatte er meine Faust zwischen den Zähnen, daß es mir den Handrücken abschabte.
Ich schrie: »Tragen wir es endlich aus, Muff Porter?« und er gurgelte: »Was denn?«
Ich wirbelte ihn am Bademantel herum, trommelte ihm einen Uppercut nach dem anderen unter die Magengrube und bemerkte aus den Augenwinkeln, daß seine Frau um Hilfe rief und nervös auf dem Flur umherrannte. Porter aber fraß von mir noch einen Schwinger aus der linken Hüfte, der ihm das Porzellangebiß aus dem Mund schleuderte, und er rutschte von der Fußmatte auf den Hausflur hinunter, wo er umgehend liegenblieb.
Ich wischte mir den Staub von den Hosen und sagte zu der Hausfrau: »Schätze, Madam, es ist nun ausgetragen.« Dann grüßte ich galant und fuhr mit dem Fahrstuhl davon.
Fasziniert haben wir seiner Erzählung gelauscht und fragen nun: »Ja, und hat der Mann keine Anzeige erstattet? Und die Nachbarn? Die müssen den Krach doch gehört haben...?«
Joe rekelt sich mit seiner Zigarette, nimmt einen genußvollen Zug und sagt: »Er hat natürlich keine Anzeige gemacht, der saubere Muff Porter. Ich habe ihm am kommenden Tag das fragliche Heft, in dem der John Tex den Muff Porter schießt, in den Briefkasten geworfen und höflich um Lektüre gebeten. Bei seiner Frau habe ich mich wegen der Störung entschuldigt. Well, und die Nachbarn, die hingen hinter den Spionen in ihren Türen und haben schadenfroh gelacht. Well, Mister, so war das damals, yeah...«
Wir wechselten dezent das Thema: »Sagen Sie, Joe, was sind Sie von Beruf? – Haben Sie eine Ausbildung erhalten?«
»Heaven, Buddy. Ich wollte Hufschmied werden, aber wo kann man das in der Großstadt, Stranger? – Yes, dann wollte ich Bronco-Buster werden, Pferdezureiter, aber reiten konnte ich nicht... Well, und danach wollte ich Rancher werden und habe in der Bauernpost wegen Einheirat inseriert. Ohne Erfolg. Es gibt keine Rancher in der Bundesrepublik. Ja, und da steckte mich der Alte kurzerhand in eine Kautabak-Fabrik. Vier Wochen habe ich da ausgehalten. Immer wieder versuchte ich, mit Mutter über diesen Scheißjob zu reden. Aber die saß nach der Tagesarbeit mit der Hausarbeit allein da, und wenn sie mit der Haus-

arbeit fertig war, da hat sie sich auf die Nachtbar-Arbeit vorbereitet und zwischendurch geschmökert. Wenn ich was fragte, hörte sie mich oft überhaupt nicht. Einmal hat sie gesagt: ›Nachher, Junge, ich hab' die Sanella-Anzeige noch nicht gelesen.‹ By Gosh, Buddy, so war das, yeah, aber Buffalo Bill hatte schlechtere Eltern und wurde trotzdem ein erfolgreicher Postreiter. Ich also hin zur Bundespost, da suchten sie VW-Fahrer als Eilboten, aber ich hatte keinen Führerschein. By Gosh, und Vater hatte so verdammt wenig Zeit für mich. Entweder war er auf Arbeit, bei Mutter im Bett oder im Saloon. Was ich regelmäßig wie einen monatlichen Wechsel bekam, das waren die Wild-West-Hefte. Eines Tages habe ich ihm aus Wut das Werbefernsehen vor den Augen abgedreht. Da ist er wie ein geprügelter Ochse wütend geworden und hat geschrien: ›Verfluchte Scheiße, hätte es doch früher nur schon die Pille gegeben!‹ – »Yeah, das war zu der Zeit, da ich die Fünfundvierziger bereits im Keller hatte. Und dann fing ich an, allabendlich vor der Tagesschau, aus neun Yards Entfernung, dem Alten die Zigarette aus den Mundwinkeln zu schießen und ›Hands up, Fremder‹ zu bellen. Well, ich war ein prächtiger Schütze, Mister!«
Wieder unterbrechen wir Joe. Wir wollen mehr erfahren, mehr über sein seltsames Leben.
»Haben Sie Geschwister, Joe?«
»Yeah Buddy, zwei sind in Australien, einer ist im Knast und einer verheiratet.«
Die Tür wird sanft aufgestoßen, und ein schlanker Mann mit verhärmten Gesichtszügen kriecht auf Knien behende zu uns herein. Die stark gewachsene Nase streift dicht über den Teppichboden, schnuppert geräuschvoll. Der Mann erreicht Joe, steigt mit der Nase an seinen Beinen empor und schnüffelt: »Heaven Joe, alter Junge, hab' ich dich endlich gefunden. Du erkennst mich doch? Ich bin Barny Bardowicks, der Scout.«
Joe reißt den Mann auf die Beine, schlägt ihm ins Kreuz, bis Bardowicks die Lungen pfeifen, und jubelt: »High Barney, alter Teufel von der siebten Kavallerie, treffen wir uns morgen in Tomstone?«
Und der Mann, der sich »Barney, der Scout« nennt, nickt, tippt an die Krempe seiner Pudelmütze und schleicht, so rasch und geräuschlos wie er gekommen ist, wieder hinaus. Draußen vor der Tür hören wir das Galoppieren von Pferdehufen, das er offenbar mit der Zunge erzeugt.
Joe blickt mit verhärteten Gesichtszügen den zu Asche werdenden Rest seiner Zigarette an. Endlich nimmt er den Faden seiner Erzählung wieder auf:
»Well, eines Tages bekam ich einen Job als Kaufhaus-Kraft. Viel

lieber wäre ich aber Stallknecht auf einer Trabrennbahn geworden. Ich hielt natürlich nicht lange durch. Pappkartons packen, ist nicht Sache von naturverbundenen Burschen, sure! Danach bekam ich einen Job als Viehtreiber auf dem städtischen Schlachthof. Aber das Elend der Tiere schlug mir auf den Magen. Ich wurde fristlos entlassen, weil ich eines nachts eine besonders schöne Holsteiner Kuh vor dem Tode bewahren wollte und sie aus Nächstenliebe bei Nacht und Nebel durch die Großstadt trieb, bis wir einer Polizeistreife in die Hände fielen. Und dann hatte ich plötzlich doch Glück. Das erste und einzige Mal in meinem Leben. Ein Fabrikbesitzer suchte in der Lüneburger Heide einen Nachtwächter für seine Pferdeweide. Den Job angelte ich.

Mein Boß auf der Pferderanch hieß Jeremias Mannebach. Er sah aus wie ein stahlharter Reiter. Sein Magen war flach und muskulös, geribbelt wie ein Waschbrett. Ich sagte bei meinem Eintritt: »Schätze, Buddy, Sie brauchen einen Nachtreiter. Hier bin ich, Boß!«

Der Mann fixierte mich, wie man das im Westen so tut, sah an mir herauf und hinunter und murmelte: »Schätze, mein Freund, Sie sind ein guter Reiter, das sieht man an ihren O-Beinen, nicht wahr?«

Ich gab lässig zurück: »Es geht so, Chef.« – Obwohl ich noch nie auf einem Pferd gesessen und die O-Beine vom Herumrutschen auf ausrangierten Dampflokomotiven davongetragen hatte. Aber er stellte mich ein, und wir besiegelten den Vertrag mit Verschnitt-Whisky.

Nach dem Drink brummte mein Boß: »Ich nehme an, Sie wissen, weshalb ich Sie eingestellt habe?«

»Nein, nicht so recht«, mußte ich zugeben.

Er nickte weise und sagte: »Kann ich verstehen, mein Junge. Also, wissen Sie, ich habe teure Pferde, und da die Fleischpreise immer höher in den Himmel steigen, wird Viehdiebstahl wieder populärer. Ihre Aufgabe ist es, zu verhindern, daß irgendwelche Hobbyschlachter oder arbeitslose Hungrige meine kostbaren Pferde stehlen. Klar, Mann?«

Ich erinnerte mich sofort an meine Rettungsaktionen auf dem städtischen Schlachthof und sagte fest: »Boß, ich gebe Ihnen mein Ehrenwort als freier Westler. Ich werde um jeden Ihrer Trakehner kämpfen.«

Das erfreute ihn sichtlich. Am Abend in meinem Logis-Zimmer kramte ich die geölten 45iger Revolver aus dem Rucksack, zog meine derbe Tuchhose aus und schnallte die Revolver über die Unterhose, da das offene Tragen von Faustfeuerwaffen bei uns ja leider verboten ist. In die Hosentaschen der Tuchhose riß ich

quadratgroße Löcher, damit ich beim flinken Ziehen nicht erst die Hosen runterlassen mußte. Ich war gewappnet. Von mir aus konnte der Tanz beginnen. Ich, Joe Lubanski, stand bereit. Yeah, aber gleich die erste Nacht sollte für mich die letzte sein.
Ein klarer Mond stand über der Heide. Die Eulen wippten in den Bäumen. Von irgendwoher riefen Hunde oder Koyoten.
Die Weide war umkränzt von Kiefern. Wolken flossen am Himmel dahin. Der Mond verfärbte das Licht der Nacht. In den Gräben quacksalberten Frösche. Manchmal stiegen Wildenten auf, flohen vor den Füchsen in den Nachtschatten der Wälder. Es war schön wie auf Bonanza. Die Pferde träumten neben der Tränke, stierten in die Wand aus Wald. Ein Rebhuhn stieg unter ihren Leibern auf und ließ die Herde wie einen Wolkenschwarm auseinanderfahren. Ich kauerte unter einem Brombeerbusch, vor den Sünden der Welt verborgen, lauerte unter dem Weidezaun, sah ihre spielenden, schneeweißen Gebisse, die nach Leckereien trachteten. In der Herde verbarg sich auch Malo von Feuerstein, ein vierjähriger Hengst mit der Eleganz eines Bekkenbauer, eine Profitbank für jeden Pferdehalter. Plötzlich erschien ein Lichtkegel über dem Wald, schwappte auf und nieder, tanzte über den Kronen der Kiefern, hüpfte über die Zaunreihen auf und nieder, wischte mir ins Gesicht und über die Rücken der Pferde. Aus der Tiefe des Waldes hallte Motorengebrumm: ein Auto nahte. Sie kommen, dachte ich.
Meine 45iger hängen unter der Hüfte über der Unterhose. Meine Hände lauern in den Hosentaschen, tasten nach den kühlen Kolben der Colts. Durch die zerrissenen Taschen entsichere ich die Revolver. Und wissen Sie, was ich in diesen Augenblicken denke? Ich denke: Jetzt müßte Mutter dich sehen...
Der Lastwagen hoppelt über die Wiese, löscht die Lichter, jagt die bebenden Tiere in eine Weidenische, und eine Stimme ruft: »Manni, schieß die Betäubung auf den vierjährigen von Feuerstein, der gibt das beste Gulasch.« Ich sehe, wie ein junger Bursche rittlings auf der Kühlerhaube turnt und auf Malo von Feuerstein feuert. Es läuft alles rasend schnell. Das Pferd schreit wütend und in Todesangst. Der mächtige Körper zuckt, schlägt um auf den Rücken. Der Mann springt vom Kühler, läuft auf das Tier zu, ein Lasso fliegt durch die Luft. Der Fahrer kommt um den Wagen herum. Das Lasso taumelt um den Hals des Pferdes. Und dann ziehen sie beide vereint an dem Strang, kräftig und gleichmäßig, und besiegen das Tier. Ich stehe breitbeinig hinter ihnen und sage: »Schätze, Gents, das Spiel ist aus. Hebt sie höher, Hombres!«
Der eine von ihnen reagiert schnell wie ein Phantom. Er wirft sich herum. In mir zuckt der Gedanke: Jetzt schießt der! – Und

ich weiß, jetzt mußt du schnell sein, ganz besonders schnell. Meine Rechte zuckt in die Hosentasche, angelt den Revolver, reißt mit dem Daumen den Hahn zurück, und schon schieße ich aus der Hosentasche von der tiefsten Hüfte herauf. Feuerlanzen flitzen auf den Fremden zu, schlagen exakt in seinen Wollpullover. Und während er noch äußerst erstaunt die Handflächen auf die Einschußlöcher legt, wird mir bewußt, daß er nichts in den Händen hat. Aber er sieht schon nicht mehr gesund aus und sagt kein Wort. Er tut noch einen Schritt nach hinten, als hätte er dem Anprall der Kugel nicht ganz standhalten können, und dann kippt er langsam um, mit einem Gesichtsausdruck, als könne er das alles nicht begreifen, kippt um, einfach nach hinten um, was man bei Revolverkämpfen selten zu sehen bekommt.
»Hände hoch«, belle ich den mit der Betäubungswaffe an. »Hände hoch, Heaven!« Aber er steht bereits auf den Zehenspitzen und hält seine Hände so hoch, als wollte er sich an einer Wolke festklammern und davonfliegen. Aber Joe Lubanski fliegt niemand davon. Ich wirbele den Revolver zehnmal um den Zeigefinger, eine Kugel löst sich und zischt dem anderen über den Scheitel.
»Entschuldigung«, sage ich.
»Bitte«, murmelt der andere etwas verstört.
Joe unterbricht seine aufregende Rede. Er kurbelt sich eine neue Zigarette und macht ein erhabenes Gesicht. Wir lächeln. Da wird er sofort wieder ernst und hart. Er mustert uns und sagt: »Schätze, Gents, hier gibt's nichts zu lachen.« Das sehen wir ein, und dann fährt Joe in seiner Erzählung fort:
»Well, inzwischen war Mitternacht längst vorüber. Am Horizont zeigten sich helle Streifen, die den Aufgang der Sonne ankündigten. Aus dem Nebel der Dämmerung tropften die Stimmen vereinzelter Vögel. Sanft schwebte ein früh erwachter Storch in die Gräben. Die Frösche verstummten. Die Grasspitzen leuchteten wie Millionen Kristalle. Der Wald duftete nach Kräutern und Gewürzen. Und dazwischen lag einer auf der Wiese.
»Glück gehabt, Fremder. Sie können von Glück reden, daß ich kein Killer bin«, erklärte ich dem mit der Betäubungswaffe. »Well, schätze, Sie haben eine Erklärung für Ihre Tat?«
Der Fremde nickte hastig und sagte: »Die Fleischpreise, Sir! Wissen Sie, was ein Kilo Rindfleisch kostet? Mehr als die monatlichen Fernsehgebühren. Und essen muß man. Fernsehen nicht.«
»Buddy«, sagte ich. »Schön und gut. Essen muß man, heaven. Aber es ist etwas anderes, ob man eine Wurst klaut oder ein Pferd stiehlt.«
»Im Prinzip nicht.« Der Fremde schüttelte den Kopf.

»Wieso?«
»Na, wenn ich 400 Würste in 400 Diebstählen bei Horten klaue, dann ist das Risiko, geschnappt zu werden, größer, als wenn ich ein Pferd in einem Diebstahl klaue und zu 400 Würsten verarbeiten lasse.«
»Schon möglich, Hombre. Aber eigentlich müßte ich Sie jetzt hängen lassen. Sie wissen doch: Tom Dooley auf der Schallplatte mußte auch wegen sowas hängen. Und Gerechtigkeit ist Trumpf im Leben eines ehrlichen Revolvermannes. Und ich bin Joe Lubanski, der ehrlichste aller Revolvermänner ..., nach Wyatt Earp versteht sich ...«
Da wurde der Fremde kalkweiß im Gesicht, aber ich beruhigte ihn: »Na, nun erschrecken Sie mal nicht. Ich bin ja kein Lyncher und kein Killer. Und es ist ja wohl etwas anderes, ob man einem Manne sein Pferd in den Llano Estancado klaut oder in der Lüneburger Heide. In der Wüste bedeutet das oft den sicheren Tod. Hier kommt man immer noch bis zur nächsten Bushaltestelle.«
»Genau«, sagte der andere. »Da bin ich vollkommen Ihrer Meinung.«
»Yeah, dann wollen wir mal. Sie müssen sich jetzt von mir binden lassen, ich werde sie mit der Schlinge um den Hals hinten an die Anhängerkupplung fesseln, und dann müssen sie zu Fuß hinter dem Wagen in die Dorfkneipe laufen, damit ich den Sheriff verständigen kann. Wie bitte? ... Machen Sie keine abwehrenden Handbewegungen. Früher hat man das im Wilden Westen auch so gemacht.«
Und ich band den jungen Mann, derweil der andere seit etwa fünf Minuten auf der Weide lag, eventuell ohnmächtig, denn er sagte kein Wort. Aber als ich ihn da so verlassen liegen sah, kam mir doch ein wenig die Panik, und ich dachte, es könnte nichts schaden, wenn ich mich beeilen würde. Als der Fremde endlich mit dem Hals in der Schlinge an der Anhängerkupplung befestigt war, sprang ich schnell ins Auto, ließ den Motor an, trat Kupplung und Gaspedal wie einen widerspenstigen Gaul. Der Wagen schoß aus dem Stand in eine viel zu schnelle Bewegung, und im Rückspiegel sah ich, wie der Fremde mit einem wahnsinnigen Aufschrei über die Wiese sprang. Mein Gott, dachte ich. Jetzt hast du dem Kerl das Genick gebrochen und ihn doch noch gehängt. Ich stieg aus. Da lag der Mann im Gras und sah sehr traurig aus. Er weinte und sah mich unentwegt und vorwurfsvoll an. Ich dachte: Solange er weint, kann er nicht tot sein, und das machte mich glücklich.
Als ich noch überlegte, was nun wohl zu tun sei, kam wie zufällig ein Bauer daher. Aber an seinen Lungenstößen konnte man

erkennen, wie sehr er sich beeilt hatte. Der Bauer hatte offenbar Erfahrung, er fackelte nicht lange, sondern ging zu einem großen Pfahl, um den hochzuheben. Da der Pfahl sehr schwer und im Grase verwuchert war, unterstützte ich den Bauern bei seiner Arbeit. Wir schafften es, und als der Pfahl endlich hoch über meinem Kopfe schwebte, hustete der Bauer kräftig und ließ mit aller Gewalt das Ding auf meinem Kopfe niederkrachen. Von da an weiß ich nichts mehr. Well, und jetzt bin ich hier im Krankenhaus, um meine Kopfverletzung auszuheilen.

Die Tür wird sanft aufgetan. Unser Onkel, der Anstaltsleiter Igor Thaler, betritt den Raum. Er begrüßt uns ernst aber herzlich und erkundigt sich nach dem Wohlbefinden seines Patienten.

Joe lächelt lässig. »Prächtig Doc, schätze, ich kann mich bald mit Jerry Cotton schießen.«

Igor streicht mit fahriger Bewegung über seinen Siegmund-Freud-Bart, putzt seine Brille und sagt mit einem resignierenden Tonlaut in der Stimme: »Joe, ich habe eine gute Nachricht für Sie.«

Joe sagt: »Well, schießen Sie los, alter Knochenflicker.«

Igor lächelt trüb: »Joe, der Richter hat Ihre Entlassung verfügt, nachdem der Staatsanwalt die Klage zurückgezogen hat.«

Joe lacht: »Yeah, Mann, hatten Sie mit was anderem gerechnet? Recht und Gesetz siegen immer. Fragt sich nur, ob mein Schädel schon wieder eine Kugel aushalten kann.«

Onkel Igor sieht Joe ernst in die Augen, und wir fragen: »Das darf doch nicht wahr sein. Der Richter hat die Entlassung verfügt. Und die Begründung?«

Onkel Igor zieht bissig ein amtliches Papier aus dem Kittel und räuspert sich zeitraubend. Dann beginnt er, mit äußerster Betonung vorzulesen:

Sehr geehrter Doktor Thaler!

Hiermit teile ich Ihnen mit, daß die Staatsanwaltschaft das Verfahren gegen Joe Lubanski eingestellt hat.
Begründung:
Nach eingehender Prüfung und unter Hinzuziehung ähnlich gelagerter Fälle, ist die Ermittlungsbehörde zu der Auffassung gelangt, daß Joe Lubanski in angenommener, also putativer Notwehr gehandelt hat. Von seinem Rechtsverständnis aus gesehen, seinem Rechtsverständnis als guter Demokrat, mußte er den Angriff der Viehdiebe auf die Pferde auch als Angriff auf unsere freiheitlich-demokratische Grundordnung ansehen. Lubanski hat nicht aus niederen Motiven heraus gehandelt, sondern im guten Glauben, die Achtung vor dem Eigentum des

Nächsten zu verteidigen. Damit befand sich Lubanski voll auf dem Boden des Grundgesetzes, den die angreifenden Viehdiebe schon längst verlassen hatten.
Der Einweisungsbescheid des Gerichts ist hinfällig. Joe Lubanski ist aus der Anstalt zu entlassen.

Mit freiheitlich-demokratischen
Grundordnungsgrüßen

Igor überreicht den Brief an Joe Lubanski, und Joe sagt: »Well, der Mann ist ganz meiner Meinung, by Gosh. Und jetzt kommen Sie, alter Knochenflicker. Ich muß meine Sachen packen. Draußen gibt es verdammt viel zu tun.«

Wilfried Bienek

Warum jeder Wagenwäscher Millionär wird

Oh, mein Gott, was war das ein dummer, erster Tag in der Schule! Ich bin in der Zehnuhrpause nach Hause gelaufen, habe mich dann bei Fräulein Ried entschuldigt: »Das war mir alles hier viel zu langweilig. Deswegen werde ich morgen auch nicht mehr kommen!«
Wie ich heute weiß, bin ich damals doch wiedergekommen und habe meine Sache wohl recht gut gemacht. Das heißt: Eigentlich doch nicht so gut. Mir fehlte zuletzt der Hauptschulabschluß, aber das störte meinen unaufhaltsamen Aufstieg nicht im geringsten.
In einem Buch, das mir mein Lehrer sehr ans Herz gelegt hatte, habe ich gelesen, daß jeder, der tüchtig ist und hart arbeitet, auch etwas wird. Da waren dann die Beispiele angeführt, von einem Schuhputzer, der jetzt Millionär ist, und ein Wagenwäscher hatte es gar bis zum Milliardär gebracht. Auch stand da, daß in unserem Land jeder die gleichen Chancen hat, und so ein Buch muß das ja wissen.
Ich entschied mich deshalb für die Wagenwäsche, weil es so viele gibt, die ihren Wagen nur gewaschen lieben. Ich sprach also fünf Jungen an und machte sie zu meinen Mitarbeitern. Sie hatten nun Wagen zu waschen, sich um neue Waschaufträge zu bemühen und vor allen Dingen mir dafür, daß ich Risiko und Verantwortung übernommen hatte, die Hälfte vom Erlös abzugeben.

Später verkauften meine Leute auch noch eine Politur dazu. Die hatte ich billig in irgendeinem Supermarkt gekauft und mit einem neuen Schild »Lack-Spaß« versehen. Deshalb verkaufte ich sie auch für eine Mark mehr. Das Geschäft lief gut. Wo ein Geschäft ist, ist schnell ein zweites. Ich eröffnete den »Einkaufs-Service« für Rentner. Sechs Spielkameraden gingen zu alten Leuten und boten ihnen an, für sie einkaufen zu gehen. Da sie recht hilflos dem Treppensteigen, Verkehr und Lärm gegenüber waren, waren sie gern bereit, gegen einen kleinen Betrag die Botengänge von meinem Unternehmen übernehmen zu lassen. Trinkgelder mußten bei mir abgegeben werden, dreißig Prozent des Umsatzes durften die Jungen behalten.
Nun, wie es so ist, vergrößerten sich die Unternehmen. Schon als ich dreizehn Jahre alt war, hatte ich achtzehn Mitarbeiter und einen Monatsumsatz von 6000 Mark. Das war erst der Anfang! Ich wollte mich größeren Aufgaben widmen; also machte ich einen meiner Angestellten, der auch inzwischen schon zwölf war, zu meinem Stellvertreter und Geschäftsführer. Ich aber beteiligte mich mit dem Erlös aus meinen Firmen an einer Pommes-frites-Bude. Ich setzte durch, daß sie schöner eingerichtet wurde, stellte mich selbst hinter die Theke, erhöhte die Preise um einen Groschen und gab dafür zu den Eßschalen auch Servietten. Außerdem wurde ein Radio aufgestellt. Ein alter Plattenspieler spielte neue Platten.
Der Umsatz stieg. Langsam entwickelte sich der Platz vor der Bude zu einem Treffpunkt, an dem es für jung und alt etwas zu hören gab. Ich sorgte dafür, daß auf Wandzeitungen in der Bude Klatsch über diesen und jenen in unserer Siedlung verbreitet wurde.
Und dann kam der Durchbruch: Wir brachen die Wand der Bude durch und richteten den Nebenraum ein. Der Tag kam, an dem aus der Pommes-Bude eine Diskothek geworden war. »Pommes de Terre«, das hörte sich großartig an. An meinem 14. Geburtstag wurde sie eröffnet. Natürlich haben wir zur Eröffnung nicht gespart: Ich verkaufte mein Wagenwasch- und mein Einkaufs-Service-Geschäft komplett, nachdem ich die Angestellten entlassen hatte. Für den Erlös wurde ein Gaststar eingeladen, ich glaube, Roy Heck oder so ähnlich hieß er.
Nun, die Diskothek ging ausgezeichnet. Einige Zeit später eröffneten wir eine zweite, und langsam entwickelte sich eine Diskothekenkette daraus.
Zu meinem sechzehnten Geburtstag hatte ich eine neue Idee, die ich so schnell wie möglich verwirklichte. Nach einem halben Jahr eröffneten wir das erste Diät-Restaurant im ganzen Land. Eine rentable Idee, weil ja die Leute fast nichts essen, und das

servierten wir ihnen unter ärztlicher Aufsicht zu einem angemessenen Preis. Auch das wurde natürlich ein Erfolg.
Leider verstarb, allzu früh, mein Geschäftspartner, der meinem rasanten Tempo nicht zu folgen vermochte. So mußte ich nun für zwei arbeiten.
Als Diskotheken nicht mehr so gingen, wandelte ich die unrentabelsten in sogenannte »Filmklubs« um, und zu meinem 17. Geburtstag sah ich dort den ersten Pornofilm meines arbeitsreichen Lebens.
Außerdem eröffnete ich mehrere Autokinos, wo ich auch Wagenwäscher anstellte, die – das war als Extra-Service im Preis enthalten – während der Vorstellung den Wagen säuberten. Wohl alles Leute, die es noch weit bringen wollten!
Andere Diskotheken wandelte ich in Diät-Restaurants um. Bald darauf gab ich ein Magazin heraus, das zunächst nur in meinen Restaurants auslag, später aber in den allgemeinen Verkauf gelangte, wo die diät-geilen Fettsäcke für eine Auflage von 250000 sorgten. Eine Zeitschrift bleibt selten allein. Was ißt man? Es entstand eine Fleisch-Zeitschrift, eine Gemüsezeitung, ein Kochblatt, eine Zeitschrift für den dicken Mann, eine für die dicke Frau, eine weitere für das dicke Kind.
Nebenher nahm ich Verbindung auf zu mehreren Reedereien, denn bei Diätfanatikern ist Fisch besonders beliebt. Man spart einiges, wenn man sie selber fängt, und dazu braucht man ein Schiff. So erwarb ich Reedereiaktien und später die ersten Schiffe, gab einige Diät-Restaurants auf und begann dann selbst mit dem Tankerbau.
Zu meinem 18. Geburtstag war mein erster eigener Tanker fertiggestellt. Mit 19 Jahren lernte ich endlich die Tochter eines Tankerkönigs kennen und heiratete sie, weil das wohl das beste für alle und vor allem für mich war. Sie hat wirklich jeden Grund, glücklich zu sein!
Ich hör' eine Stimme: »Du arbeitest ja schon wieder nicht, du Pflaume! Ich schmeiß dich raus! Spur oder flieg!«
Au, verdammt! Das ist der Chef! Ich werde also aufhören zu spinnen und mich wieder an mein Werk begeben. Es ist nicht zu glauben: Ich bin jetzt fünf Jahre Autowäscher, aber ich habe es noch nicht weitergebracht. Ich weiß nicht, aber ich habe das Gefühl, irgend etwas stimmt hier nicht!

Wicht

Fließbandarbeit

Zwor wersd dabei
aweng bläid
im kubf
ober woss is des scho
gechä däi
mordsdrumma musgeln
wousd
im rechdn oberarm gräigsd.

(Erschienen in: »Dazu gehört Mut«, Kleine Arbeiterbibliothek 37)

Artur Rümmler

Der kleine und der große Piß

Es war am zweiten Tag nach meiner Anstellung als Volontär. Ich hatte einige überflüssige Manuskripte in der Redaktion herumgetragen und ging nun in die abseits gelegene Zwei-Mann-Herrentoilette. Frohgemut holte ich mein Ding heraus und richtete es gegen das Pißbecken. Plötzlich ging die Tür auf, und herein stolzierte im schwarzen Anzug der Verleger, mein oberster Chef. Bisher hatte ich ihn nur von ferne sehen dürfen, die Gunst, mit ihm zu reden, war mir noch nicht gewährt worden.
Er war ein kleiner, kräftiger Mann mit gebräuntem Urlaubsgesicht und dunklen, gescheitelten Haaren. Wortlos stellte er sich neben mich, vor das andere Pißbecken. Zwei Köpfe kleiner als ich, pißte er quasi eine Etage tiefer. Beide guckten wir die Wand an. Das sind die Sekunden, wo man wartet, bis die Schleusen sich öffnen. Als er hereinkam, war ich soweit gewesen. Jetzt aber war bei mir alles zu. Pissen setzt Entspannung voraus, einen Moment der Ruhe und Friedfertigkeit. Aber piß du mal, wenn dein Widersacher neben dir steht.

Er hatte den Platzvorteil, für ihn war es ein Heimspiel. Er pißte im eigenen Haus, ins eigene Pißbecken, neben seinem Leibeigenen. Was kümmert dich als Chef ein kleiner Untertan, dessen Namen du nicht kennst, den du vielleicht noch nie gesehen hast? So eine Null juckt dich doch gar nicht. Immerhin bemerkte ich bei der angesehenen Persönlichkeit des öffentlichen Lebens neben mir eine verdammt lange Schrecksekunde; auch er mußte warten, mit seinem Verlegerpimmel in der Hand.
Aber er hatte die bessere Ausgangsposition, hatte Hilfstruppen hinter sich, Lakaien eilten ihm zu Hilfe. Da säuselten Vorübergehende »Guten Tag, Herr Verleger, kann ich etwas für Sie tun?«, da trippelten Tipsen vorbei und himmelten ihn zart an, seine Sekretärin zauberte ihm schnell einen starken Kaffee herbei, der Leiter der Vertriebsabteilung bot ihm kollegial eine Zigarette an, der Chefredakteur fragte ihn demütig nach den Gewinnzahlen aus dem Anzeigengeschäft, die Vorsitzende vom Hausfrauenbund lud ihn charmant ein zum Vortrag über »Das Kochrezept und die Tageszeitung«, und der Kultusminister verlieh ihm in einer kleinen Feierstunde das Bundesverdienstkreuz am Band für die Verteidigung der Freiheit der Presse. Und all das nützte. Schnell klimperte der Strahl des Verlegers, schnell versiegte er, schnell war der Alte wieder draußen.
Als der braune Kerl fort war, hob sich die Last einer Rotationsdruckmaschine von meinen Schultern. Das brach sich seine Bahn mit der Macht eines staatlichen Wasserwerfers. Meine Blase mußte doppelt so groß sein wie das Verlegerbläschen; ich pißte doppelt so laut und doppelt so lange. Und danach blieb ich noch einige Minuten in Pißhaltung stehen und dachte nach.

Georg Diederichs

Zwischen den Stühlen

oder

Die Moritat vom Kleinbürger Hugo H.

Kommt nur, ihr Leute, all herbei
Vernehmt die Moritaterei
Vom Intellektuellen, der frustriert
'S mal mit engagierter Literatur probiert
Nehm jeder ein Exemplum dran
Studier es wohl und wend es an

Hugo H., einst Mitglied im Christlichen-Männer-Bund
Lebte dann als »Kämpfer im Untergrund«
Trug stets die geballte Faust in der Tasche
Trank's Bier, weil proletarisch, nur aus der Flasche
Seine Liebe zum Proleten hatte er lange schon
Allein – diese wußten nur nichts davon
Unser Hugo litt darob furchterlicht
Sagt selbst, ist das nicht 'ne traurige Geschicht

Doch dann meinte Hugo, es müßt was gescheh'n
Und beschloß, voll Elan an die Basis zu geh'n
Nur zu dumm, jetzt auf die Dauer
Wurde ihm das Malochen doch ganz schön sauer
Und er dachte voll Wehmut oft an die Zeit
Vergangener Traumtänzergemütlichkeit

Der Hugo verschwand nach dieser Roßkur
Und stieg wieder ab in die Subkultur
Dort kam er dann bei chinesischem Rauchblütentee
Auf die, wie er meinte, phänomenale Idee
Daß er, Hugo H., nun ausgegoren
Im Grunde zum Schriftsteller wäre geboren
Und verkündete darauf sogleich theatralisch
Seine Literatur wäre rein proletarisch

»Obwohl Literatur nie so schön sein kann
Wie vors Werktor scheißen bei Mannesmann
Und bei weitem niemals so effektiv
Wie das Ballen der Faust im Kleinbürgermief«
Wurde Hugos Schreibe doch als »engagiert« anerkannt
Allein, ein Arbeiter – nahm sie nie in die Hand

Unser Hugo, angetan von diesem Erfolg
Die fette Kuh nun weitermolk
Begann zu Handke(n) und zu Grass(en)
Voll Lust in eigener Welt zu prassen
Sein »Engagement«, das schmolz dahin
Denn nun schriftstellerte er ja mit Gewinn
So wurde er denn auch »gesellschaftlich« anerkannt
Und lebt heut als Werbetexter für 'nen Essigfabrikant

Merkt euch, ihr Leut, was hier geschah
Dem Intellektuellen Hugo H.
Daß Zwischen-den-Stühlen-Sitzen sei niemals gut
Uns die Moral beweisen tut
Das ist das End von der Geschicht
Vergessen sei das Singgeld nicht

Ulrich Birkner/Peter Fischbach

Der Sänger im Supermarkt

Dieser Text ist – unwesentlich überarbeitet – das fünfte Kapitel eines längeren Stückes. Der junge Schlagersänger Perry Nogly soll von seinem gewitzten Manager Pizza Bruce für eine Werbekampagne zugunsten der Freien Sozialen Marktwirtschaft (F-S-M), deren Image etwas angekratzt ist und deshalb aufpoliert werden soll, eingesetzt werden. Über mehrere Stationen wie Schallplattenaufnahme, Interviews und Parties gelangt man zum Schluß der Aktion: Perrys Auftritt zur Einweihung des Supermarkts Samson.

Perry erzählt:

Über Nacht, in der ich außergewöhnlich gut geschlafen hatte, weil ich mir mit Vater zusammen kräftig einen hinter die Binde gegossen hatte, über Nacht also – kam der Tag ... Der Tag ... an dem ich zum Symbol der F-reien S-ozialen M-arktwirtschaft werden sollte. Ich hatte ein verdammt wohliges Gefühl im Magen, das sich von dort langsam über den Körper ausdehnte: Eine Stimmung, in der man kein Lampenfieber kennt. Ich war Profi – eiskalt, topfit und locker ...
Eine Stunde später traf ich Pizza vor dem Supermarkt Samson. Unbemerkt schlichen wir uns durch die wartenden Menschenmassen und erreichten durch den Hintereingang eine Tür, auf der in schwarzen, geschwungenen Buchstaben das Wort: »Supermarkt-Regie« prangte. Im Regieraum trafen wir meinen Chef. Den großen Boß unseres Gemischtwaren-Konzerns, zu dem die Plattenfirma, die Illustrierte – wohl auch dieser Supermarkt? – gehörte.
»Endlich«, sagte der.
Es standen mehrere Leute im Raum herum. Einer sprach amerikanisch, ein anderer japanisch oder chinesisch. Das ist die internationale Kaufmannswelt! – Ich war verdammt richtig glücklich, inmitten dieser Traube welterfahrener Männer stehen zu dürfen. Einer sagte: »Professor, die Akteure sind vollzählig vor Ort. Beginnen wir mit der Strategie ...«
»Well«, nickte der Professor und rollte eine große Karte über dem Konferenztisch aus.
»Fronteinteilung ...!« Mein Chef winkte äußerst herrisch und verriet mir dadurch, daß diese Supermarktkette zu unserem Platten- und Mischwarenkonzern gehörte.

Der Professor begann mit seiner Rede, bei der er oft auf einzelne Stellen der Karte verwies. Ich war vom Alkohol noch ziemlich platt im Kopf, verstand ohnehin kaum etwas von seiner Strategie oder wie das hieß... Er sagte: »Meine Herrschaften ... die Entdeckung eines neuen Genusses ist für uns weitaus interessanter, als die Entdeckung eines neuen Sterns ... Wir müssen die Leute in den Appetit zwingen. Das gelingt uns durch Marktanalyse und Werbung...«
Der Mann war phantastisch sachlich und ruhig, schaute mich an, als wäre ich eine Plastik oder ähnliches. Dann zeigte er auf mich: »Zur Überprüfung unserer Vorbereitungen wollen wir nun einen Nicht-Eingeweihten bitten, einen zwanglosen Gang durch unseren neuen Markt zu machen ... und wir wollen anhand seiner Reflexe beobachten, ob wir alle technischen Möglichkeiten und psychologischen Erkenntnisse richtig eingesetzt haben ... Wie wäre es mit Ihnen, Herr Nogly...?«
Warum nicht. Der Mann war mir sympathisch. »Selbstverständlich«, sagte ich. »Mach ich für Sie ... Aber gerne doch...!«
»Gut mein Freund – und ihr Auftritt später ... sind ohnehin unsere Idee im Supermarktgefüge: Hindernis 11 ... Publikumsstopper ... Sie verstehen? ... Hier haben Sie hundert Mark ... Betrachten Sie's auch als Anerkennung für Ihren freundlichen Gang ... Aber bedenken Sie ... Sie sollten nach Möglichkeit nur vier Teile kaufen... Selbstverständlich dürfen Sie mehr... aber nach Möglichkeit nur vier Teile.«
»Klar ... vier Teile«, sagte ich. »Ich könnte eine Landleberwurst ... ein Pfund Butter ... ein Flasche Orangensaft ... und ein Paket badische Nudeln gebrauchen...«
»In Ordnung«, freute sich der Professor und bat seine Leute mitzukommen. Wir gingen in den Supermarkt. Alles roch irre frisch und sah herrlich aus. Draußen drückten sich die Kunden die Nasen an den nackten Fenstern platt. Der Professor, Pizza, mein Chef und die anderen gediegenen Kaufmänner gingen hinter mir her. Ich nahm einen Wagen und schob los.
»Butter«, dachte ich. »Du willst Butter haben.« Aber Butter war weg! – Ich konnte sie jedenfalls nicht sehen. »Mensch«, dachte ich, »du mußt an die Butter« und kletterte auf ein Regal.
»Heh ... Heh!« machte der Professor. »Lassen Sie das! – Was sind denn das für Methoden...?«
Das sah ich ein und ließ es, stieß aber plötzlich mit meinem Wagen gegen einen runden Korb, der mitten im Weg stand und ein Sonderangebot Weißen Rum enthielt. Ich dachte sofort an Vater, die Reklame im Fernsehen und packte den Rum ein.
Der Professor rief triumphierend: »Meine Herrschaften, das

war der erste Stopper ... Jeder Supermarktbenutzer bleibt im Durchschnitt nur zehn bis zwölf Minuten im Laden. Während dieser geringen Zeitspanne müssen wir ihn an 1200 Artikeln vorbeischleusen. Schaffen wir das, bleibt dem Kunden keine Zeit, alles zu prüfen, genau zu überlegen, zu bedenken ...«
Ich zog inzwischen weiter und ließ den Mann sabbeln. Waren Sie schon einmal in einem Supermarkt? Da ist doch eine ganze Menge drin. Man kann vom Büstenhalter über die Glühbirne bis hin zum tief eingefrorenen Bauernomelette alles kaufen. Hier liegt die Welt unter einem Dach! Hier kann man sein Geld in Minuten verjubeln! Ist das eine Herrlichkeit! Und es blitzt und schimmert und lacht einen an. Die Waren gleichen schönen Mädchen auf dem Jungfernstieg. Eine toller als die andere. Eine teurer als die andere. Aber das macht doch nichts, meine ich. Man muß im Leben zupacken. Wer nimmt schon Silber, wenn er Gold bekommen kann ...
Der Professor schlenderte hinter mir her: »Sehen Sie ... da ... da ... hat er den zweiten, den entscheidenden Fehler gemacht. Er will Butter und Nudeln ... Hier hätte er nach links abbiegen müssen. Aber er tut es nicht ... Warum ...? Wir haben herausgefunden, daß sich die Masse aller Menschen nach rechts wendet. Deshalb ist dieser Markt so gebaut, daß wir die Kunden nach rechts schleusen, durch kleinere oder größere Regalstopper erreichen wir, daß der Kunde den rechten Weg benutzt und nicht den engeren linken. Wir können also sicher sein: Perry Nogly muß durch das ganze Angebot hindurch.«
Jemand applaudiert hinter mir. Ich sah mich um. Es war der Japaner oder Chinamensch. Ich nahm den Mann gar nicht wahr ... und was hatte der Professor gesagt: ... ich muß durch das ganze Angebot hindurch ...? Ja Mann, was glaubt denn der ...? Ich bin ein kritischer Kunde. Ich muß alles sehen. Ich renne doch nicht wie ein Hindernisläufer über die Pakete weg und packe im Laufen zu. Ich muß alles kennen. Ich muß alles wissen. Wenn ich durch die Angebote gehe, sauge ich Bildung in mich auf. Das ist doch was, oder? Und dann zur Ergänzung noch Werbefernsehen. Mensch, da bin ich dann der Wissende unter den Unwissenden. Ich blieb also völlig cool und gelassen, konzentrierte mich auf die Regale. Donnerwetter! – Da boten sie mitten im Weg einen tollen Damenpulli für nur 9,98 Mark an ... Ich dachte, mein Schwein pfeift und – an Mutter. Her damit! Vater hatte ja schon den Rum und deshalb mußte der Pulli in den Wagen ... Ich hatte noch nicht den Pulli vor der Brust und über dem Korb, als der Professor hinter mir über das Photographieren sprach. Da hörte ich natürlich zu. Ich stand im Mittelpunkt. Gloria, dachte ich. Nachher wollen sie mich filmen, und soeben haben die mich auch

noch photographiert. Ich bin doch wer! Und da fing der Professor noch einmal von vorne an, offenbar, weil er von mir so sehr begeistert war. Und er sagte: »Hier ... sehen Sie sich die Spiegel an ... Durch diesen wurde Perry Nogly eben photographiert. Gleich daneben, im Bord, haben wir ein verstecktes Mikrophon, übrigens in allen Borden ... dadurch ...«

Ich achtete aber nicht mehr auf die anderen. Die redeten und redeten. Ich konzentrierte mich auf die Waren. Da gab es wirklich schicke Sachen! – Ich fuhr zu einem bunten Korb mit Konserven. Ich wußte, daß wir im Kühlschrank keine mehr hatten. Im Keller schon, aber wozu extra in den Keller laufen, wenn man sie hier kaufen kann ...? Und: macht ja auch Eindruck bei den Nachbarn, wenn man erzählt, daß im Keller noch Konserven liegen. Ich knallte mir den halben Wagen mit Blechbüchsen voll. Nasi Goreng und vietnamesischen Kram kaufte ich, und alles lag so verdammt gut in Augenhöhe und kam mir mit meinem betrunkenen, knisternden Kopf sehr gelegen ...

Und – wie das so ist. Ich wollte meine Ruhe haben, mit meinem schweren Kopf und dem Kater. Der Professor aber ließ mich nicht in Ruhe. Hautnah stand er hinter mir und verkündete seinen Leuten, daß ich einen klassischen Fehler oder etwas ähnlich Schlimmes getan hätte. Mann oh Mann, der Typ kam mir beinahe wie der Professor Schiller vor ... damals, wissen Sie ... dieser allwissende Superminister. Darf man keinen Fehler machen? – Wer ist schon fehlerfrei? – Der Typ von Professor nörgelte. Ich will versuchen, das mal nachzuahmen: »Da hat Perry Nogly den klassischen Fehler aller Konsumenten gemacht. Sehen Sie ... er steht vor dem Regal und greift in Augenhöhe, mit der rechten Hand ...! In Augenhöhe und dazu noch rechts von jeder Position liegen die Waren, die mehr Gewinn abwerfen ... Bücken Sie sich mal ... Oh ... ja ... das geht ins Kreuz ... ja ... da unten ... tief hinten im Regal liegen die preiswerten und qualitativ gleichbedeutenden Dosen; oder ganz oben ... Für Kinder gar nicht erreichbar ... und links unten oder ganz oben, sind die Knüller zu finden. Gut und billig ...«

Der Mann redete natürlich noch weiter. Mehr aber hörte ich nicht. Kann es jedenfalls nicht wiedergeben. Mir war das auch ziemlich egal – mit meinem Kopf ... Vielleicht sollte man nie besoffen in einen Supermarkt gehen ... Vielleicht ... Aber ich hatte ja Geld in der Tasche, und kaufen macht Spaß, und überhaupt: Leute meines Schlages, Schlagersänger also, sind gut bei Kasse. Ich zwar noch nicht, aber bald. Das war sonnenklar! – Weshalb also noch teuflisch auf die Preise achten. Alles Humbug! – Das mag für arme Schlucker zutreffen. Die müssen so handeln, damit sie meine Schallplatten kaufen können. Ich doch

aber nicht! – Doch nicht Perry Nogly...
Plötzlich bekam ich das Bedürfnis, eine Pause einzulegen. Sofort pausten auch die anderen hinter mir und führten nur zuweilen tuschelnde Gespräche. Ich richtete mich auf, meine Hände verließen den Schiebekorb. Ich lockerte meine Gestalt und stand wie ein Held inmitten von dreitausend Angeboten. Mal eine Quizfrage: Wo ist es klinischer ... in einem Supermarkt oder in einem Krankenhaus...? Ein Kollege von mir hat kürzlich in der Öffentlichkeit behauptet: Was du in einem Supermarkt an Giften aufnimmst, mußt du dir später wieder im Krankenhaus wegoperieren lassen ... Ha ... der Mann hat keine Ahnung. Ist auch bereits weg vom Fenster, wegen seiner saublöden Äußerung. Wegen Aufsässigkeit von meinem Chef fristlos entlassen worden. Die Fans haben ihn vergessen ... So einem Spinner geben die doch kein Geleit. Das sind immer die gleichen. Querulanten, Spinner. Leute, die gegen den Strom schwimmen und vom Leben und seinen Ordnungen keine Ahnung haben. Dieser Supermarkt war eine Oase der Sauberkeit und in Freiheit für jeden zu begehen. Hier, inmitten der Sauberkeit und des glänzenden Lichts, stand man allein ohne Belästigung und wählte nach eigenem Geschmack und nach eigenen Gesichtspunkten seine Waren aus und... Verzeihung: da hatte ich doch etwas über Hypnose vernommen. Der Professor unterhielt sich offenbar über unerklärliche Vorgänge und Spukbegebenheiten. Das interessierte mich mächtig. Hätte damals nicht gedacht, daß dieser kühle Professor ein Herz für Geister und Leichen hat. Oh Jesus ... Haben Sie den Film: »Nackte Schläge aus dem Nichts« gesehen? Fing an mit einem Totentanz und klappernden Skeletten, und die fraßen dann das rohe Fleisch von Tieren, und nach und nach wurden sie wieder Mensch wie du und ich, also mit Muskeln und Fettbauch und so... und rächten sich dann bitter an den Beerdigungsunternehmern. Das war ein Film. Leute ... wurde aber nach ein paar Wochen wegen Verunglimpfung dieses Verbandes verboten ... Na ... aber jedenfalls hörte ich jetzt verdammt zu, als der Professor erklärte: »Baker BBDO, Pionier diagnostischer Testtechnik aus Toronto, hat in diesen Tagen den Hypnotiseur Ralp Albert engagiert, wieder einmal in der Hoffnung, dem Käufer bei hypnotischen Sitzungen neue Geheimnisse zu entreißen. Ähnliche Versuche gibt es schon seit Jahren... Diesmal werden sie es schaffen, und auch wir bekommen dann über eine Broschüre die ausgewerteten Ergebnisse nach Europa geschickt. Dann können wir in die geheimsten Winkel der Menschen vordringen. Damit haben wir dann das Absolute in der Verkaufstechnik erreicht. Wir werden die Schwächen der Menschen für unsere Ziele nutzbar machen, Schwächen, von

denen der Kunde nichts weiß. Das ist das Absolute. Bald ist alles fest in unserer Hand ...«

Phantastisch ... wirklich phantastisch. Ich war verblüfft. Ich war erregt. Überirdische Sachen fesseln mich wie eine Frau. Ich vergaß das Kaufen und strebte zum Ausgang. Ich bemerkte, wie die anderen meine plötzliche Wandlung kopfschüttelnd und erstaunt registrierten. Aber das ist doch wirklich phantastisch. Das sollte man verfilmen. Menschen, die während des Kaufens in eine Zelle geschleppt werden, dort ihre Geheimnisse preisgeben und dafür am Ausgang drei Rabattmarken mehr bekommen ... Und man könnte als Hauptfigur in diesem Film einen Kranken nehmen, der wegen Rabattmarken zum Mörder wird, zum Rabattmarken-Mörder ... und in Anton-Cisco Kriechers millionenfacher Horror-Boulevardzeitung stünden Schlagzeilen wie diese ... halbseitenhoch und pechschwarz:

»JETZT HILFT NUR NOCH EINS
SCHAFFT DIE RABATTMARKEN AB – ODER DER RABATTMARKEN-MÖRDER KILLT UNS ALLE!!«

Teufel, wäre das eine Story ... und ein Film ...!

Mittlerweile stand ich am Ausgang. Die Kunden schlugen sich vor Neugierde an den Schaufenstern die Nasen platt. Ein Spielmannszug war aufgezogen, und Wurstbuden hatten geöffnet. Die Kunden winkten mir zu. Offenbar hatten sie mich schon erkannt. Das freute mich. Der Professor ging an meinen Einkaufswagen und zählte meine Warenteile.

»Mann ... Nogly ... Sie sind ja fleißig gewesen ...«

»Ja«, sagte ich.

»Sie haben aber Butter, Leberwurst, Nudeln und Orangensaft vergessen ...«

»Das macht doch nichts«, sagte ich. »Ich kann ja nochmals durchgehen. Der Markt hat doch von morgens bis abends geöffnet ...«

Er tätschelte meinen Haarschopf und lächelte. Ich winkte den Kunden zu. Es wurden immer mehr. Sie lachten und freuten sich.

»Perry ... was haben Sie denn alles erworben ...?«

»Caramba ... der ist aber neugierig«, dachte ich. Vielleicht müssen Professoren so sein ...

Der Chinamensch oder Japaner aber war noch neugieriger. Der ging sogar mit seinem Kopf in den Korb hinein.

»Elf Konserven«, zählte der Professor.

»Einen Pullover ... eine Flasche Weißen Rum ... einen Zahnsteinentferner aus verchromtem Stahl ... 24 Papierhandtücher mit Erdbeerduft ... drei Plastiklöffel im Einwegformat ... einen Starkgummiluftballon mit Kieselsteinen gefüllt ...«

Er machte eine Pause und sah mich an. Er zwinkerte den anderen zu: »Was wollen Sie denn damit ... Herr Nogly?«
»Wieso«, sagte ich. »Den binde ich an unseren Balkon ... Der klödert ordentlich, wenn man ihn in den Wind hängt ... Es gibt alle Popfarben. Kennen Sie nicht die Fernsehreklame ...?«
»Haben Sie denn ein Bedürfnis, einen klödernden Luftballon an den Balkon zu binden ...?«
Der Mensch kann Fragen stellen, dachte ich.
»Wieso Bedürfnis, Herr Professor ... Glauben Sie vielleicht, daß ich ein Bedürfnis habe, mit Plastiklöffeln zu essen oder mit Papierhandtüchern meine Brust trocken zu reiben ... Die Dinge gibts ... ist doch schön ...!«
Der Mann nickte ernsthaft und warf seinen Partnern einen vielsagenden Blick zu, den ich aber nicht zu deuten vermochte.
Der Professor zählte weiter: »Zwei Paar Frotteehandschuhe in Grellgrün ... Was wollen Sie denn damit ... Herr Nogly ...?«
Mensch Meier, dachte ich. Der kann dumm fragen: »Steht doch drauf, Herr Professor ... kann ich für den Schrebergarten gebrauchen ... Eignen sich sehr praktisch für die Kartoffelernte. Frottee ist weich und geschmeidig ... Damit die Kartoffelbeeren nicht so hart wie Kohlen in den Händen liegen ...«
»Ah ... ja ... ja ...«, machte der Professor.
»Kennen Sie nicht die Fernsehreklame ...«, warf ich ihm nach.
Er ging gar nicht darauf ein.
Er zählte weiter: »Sieben Seifenstücke in glitschfesten Plastikschalen ...«
Er runzelte die Stirn.
Ich kam ihm zuvor: »Das sollten Sie aber kennen, Herr Professor. Der absolute Schlager auf dem Seifenmarkt. Glitschfeste Seife in glitschfesten Plastikschalen. Kennen Sie nicht den Slogan: SCHNELLER WASCHEN UND: PENG!! ... SCHNELLER VOR DEM FERNSEHER SITZEN – DANK GLITSCHFESTER SEIFE IN GLITSCHFESTEN PLASTIKSCHALEN ... von ... Na ... ich hab' die Firma vergessen ... Ist ja auch egal ...«
Ich warf einen Blick zu den Schaufenstern rüber. Die Leute standen und winkten mir fröhlich zu.
»Lassen wir es dabei«, lachte der Professor. »Meine Herren, ich denke, der Test ist gelungen ...?!«
Der Japaner oder Chinamensch nickte zufrieden ... die anderen nicht minder.
»Kommen Sie«, sagte darauf mein Chef. »Jetzt wollen wir mal die Ärmel aufkrempeln und unsere schöne F-reie S-oziale M-arktwirtschaft in den Himmel heben ...«
Wir gingen geschlossen zum Butterstand. Die Augen der Kun-

den draußen vor der Tür folgten uns mit praller Neugierde. Sie hatten ihre großen Einkaufstaschen zwischen die Beine geklemmt und trappelten nervös mit den Füßen.
Ich nahm meine »Position 11« ein. Direkt vor dem Butterstand, den ich vorhin gar nicht bemerkt hatte. Der stand aber auch in einer winkeligen Ecke, ganz weit hinten im Supermarkt, und konnte wirklich leicht übersehen werden...
Sie stellten mich neben »Stopper« und »Mengentisch 8«, wie sie mir sagten. Auf dem Mengentisch bauten sie Plastikflaschen und glitschfeste Seife in glitschfesten Plastikschalen auf und wühlten kräftig mit den Händen darin herum. Das sah aus, wie bei Hempels unter dem Sofa. Chaotisch, sage ich. Chaotisch! Dem Professor aber schien das zu gefallen: »So ist es recht, nur ordentlich wühlen, Frl. Banzer ... Es muß wild ... wild aussehen ... Das erweckt den Eindruck, preiswerter zu sein, als in den Regalen...«
Kaufleute, da kann man nichts machen. Aber es sind prima gediegene Leute mit geradem Gang und aufrechtem Gewissen. Feine Kerle. Die Creme unserer Gesellschaft, könnte man sagen...
Ein Angestellter nagelte noch flink ein farbenprächtiges großes Pappschild unter die Decke: »Sonderangebot! – Ein Glas Süßsauerkirschen nur 1,28 DM...« – Den gewaltigen Korb mit den billigen Kirschen aber deponierten sie ganz woanders!? – Offenbar war kein Platz mehr unter dem Schild... In der Tat, da stand ein anderer Korb mit Kirschen zu 2,98 Mark...?!
Na ... mich sollte das nicht jucken. »Bißchen schummeln tun die ja«, dachte ich. Aber die Leute waren mir sympathisch, eigentlich meine Freunde, und da nimmt man die Sachen nicht so genau...
Endlich dirigierten sie mich in den Mittelpunkt der Aktion. Die Kameraleute hatten aufgebaut. Scheinwerfer strahlten und gaben der Sauberkeit im Supermarkt ein Engelsgesicht. Musik ertönte, flutete in den Raum.
Die Menge schob sich in den neuen Markt.
»Herzlich Willkommen«, sagte eine schmeichelnde Stimme aus dem Lautsprecher.
»Herzlich Willkommen im Supermarkt Samson. Hier sind Sie frei... Hier kaufen Sie ein, wie es Ihnen beliebt...«
Die Kameraleute standen bereit. Die sanfte Musik fing die Menschen ein. Sie wandelten im Rhythmus und schienen nach der Melodie mit ihren Wagen zu tanzen: »Donau so blau« ... tapp ... tapp ... tapp ... tapp...
Ja ... und die Augen der Kunden schlummerten im Frieden des Supermarktes, wurden von der Sauberkeit geblendet. Traum-

wandlerisch und versonnen kamen sie auf mich zu. Sie sahen mich! – Sie erkannten mich! – Sie lächelten! – Sie legten ihre Scheu ab und griffen tiefer in die Regale. In diesem Augenblick kam ich mir ungeheuer wertvoll vor. Ich war doch etwas! – Mein erster Schlager ertönte ... sehr sanft ... bedeutsam:
»O bleib' doch stehn.
Es gibt so viel zu sehn.
Die Welt ist so schön ...«
Und sie blieben stehen, verharrten vor bunten Produkten, vor der Vielfalt der Angebote. Ihre Blicke wurden hin und her gerissen. Die schmeichelnde, freundliche Stimme aus dem Lautsprecher unterbrach meinen ersten Schlager und sagte besonnen: »Heute empfehlen wir als Sonderangebot süßsaure Kirschen ... das Pfundglas für nur eine Mark und achtundzwanzig Pfennige ... Heute empfehlen wir auch prickelknusprige Erbsen ... Papiertaschentücher mit Kamillenduft ... und bunte Pappkartons für die Päckchen »nach drüben« ... gleich daneben haben Sie die Möglichkeit, dem Schlagersänger Perry Nogly die Hand zu drücken ...!«
Als der Name gefallen war, erkannten mich alle. Ich stand endgültig und absolut im Mittelpunkt. Pizza Bruce winkte mir zu. Die Kameramänner filmten. Ich erhielt die stumme Anweisung, in die Regale zu greifen. Lachend und fröhlich packte ich mich bis über den Bauch voll Waren ...
»Ton ab«, sagte einer der Toningenieure ...
Ich lächelte ...
Ein Schauspieler stand hinter dem großen Erbsenregal und sprach mit deutlicher, geschulter und überzeugender Stimme:
PERRY NOGLY KANN SINGEN WAS ER WILL
PERRY NOGLY KANN DEMONSTRIEREN
PERRY NOGLY KANN DEN KANZLER EINE NIETE NENNEN
PERRY NOGLY KANN FREI ALLE WAREN WÄHLEN
PERRY NOGLY IST FREI! ...
UND DIESE FREIHEIT GARANTIERT IHM DIE F-REIE S-OZIALE M-ARKTWIRTSCHAFT!
Fanfaren begleiteten seinen Schlußsatz und verklangen feierlich. »Gestorben«, sagten die Kameraleute und meinten nicht etwa mich, sondern den Auftritt.
Pizza und mein Chef klopften mir auf die Schultern, nahmen mir die Waren wieder ab – dann mich in die Mitte. Der Lautsprecher verkündete: »Und jetzt, meine Damen und Herren, erleben Sie den Start des großen Luftballons in die Wilseder Marschen, wo es nicht nur guten, herzhaften Käse, sondern auch Milch von den glücklichsten Kühen gibt. Beides erhalten Sie selbstverständlich

stets in unserer Meiereiabteilung...«
Mein Chef hakte mich unter. Jetzt wußte ich natürlich, was er damit gemeint hatte: die F-S-M in den Himmel heben. Er knuffte mir in die Seite: »Großartig ... Perry ... Sie sind der geborene Schauspieler.«
Dann waren wir draußen. Bratwurstdünste umnebelten meine Nase. Bratwurstdünste stimulierten mich. Ich wurde erregt. Kinder mit Supermarkt-Samson-Fähnchen jubelten auf mich ein. Sie riefen meinen Namen – ununterbrochen. Ich winkte, weinte und wischte Tränen der Freude mit den Handflächen weg. Mein Herz erhob sich im Taumel. Der Spielmannzug spielte »Gruß an Kiel«. Die Fotografen warfen sich mir zu Füßen, um Perspektiven zu sammeln. Ich nahm alles gelassen auf. Ich stand im Mittelpunkt.
Ich ...! Mir wurde das Rückgrat gerader. Pizza kletterte mit mir in den großen Korb unter dem Ballon, wir hoben unter dem Jubel der Massen ab. Einkaufstaschen schwangen wie Flaggen im Wind, und mein Chef, der jetzt ganz klein war, rief mit äußerster Kraft: »Perry! – Hörst du mich...?«
Ich nickte ihm hastig und überwältigt zu.
»Ja...!!« Ich schrie es hinaus.
Er formte die zitternden Hände zum Trichter und brüllte: »Perry ... schau über dich ... Da steht mein Slogan!«
Der Wind riß an meinen Haaren. Ich erkannte die Schrift ... nickte, brüllte, besessen vom großen Erfolg: »SO LEBEN WIR IM GLÜCKLICHEN WESTEN: SUPERFRISCH – SUPERFROH – SUPERFREI: EIN SUPERMARKT!«
Dann waren wir über den Häusern von Altona. Der Lärm schwand. Die Menschen blieben hinter den Winkeln der Häuser zurück. Hier oben herrschte nur noch der Wind und ein paar Möwen. Pizza drückte mir eine Tüte in die Hand.
»Hier Perry ... Deine Sachen und der Rest der Hundert Mark...«
»Wieviel ist's?« wollte ich wissen.
»Noch genau 27,83 Mark«, sagte Pizza bedauernd. »Hättest besser wirklich nur vier Teile gekauft...«
Es gab mir einen großen Stich! Siebenundzwanzigdreiundachtzig... Mir erschien Mutter da hinten am Horizont. Sie wischte die Treppen. Wie lange noch...? Der Wind pustete in meine Nasenlöcher; unter mir wirkten die Giebel der Häuser wie Speere. Ich bekam Angst: Siebenundzwanzigmarkdreiundachtzig... Siebenundzwanzigmarkdreiundachtzigpfennige und ... Inflation ... Na ja ... schließlich war das erst der Anfang ... Das Haus wird schon noch ... Ich machte mir Mut und hatte doch nichts als Angst ... Angst ... hier ... unter den Wolken...

Zitternd öffnete ich die Tüte:
Die Konserven grienten mir entgegen.
Der Pullover erschien mir so fremd.
Der Rum sah alt und fettig aus...
Ein Zahnsteinentferner aus verchromtem Stahl...
Drei Plastiklöffel im Einwegformat...
Vierundzwanzig Papierhandtücher mit Erdbeerduft...
Ein lächerlich klödernder Luftballon...
Frotteehandschuhe ... für die Kartoffelernte...
Glitschfeste Seife in glitschfesten Plastikschalen...
Hier oben ... zwischen dem Ächzen der Seile, unter den fusselnden Wolken ... über der staubigen Großstadtkulisse ... unter dem singenden Wind ... sah ich es anders, viel ernster. Ich klammerte mich an den Seilen fest und schrie es noch einmal hinaus, hinunter:

»SO LEBEN WIR IM FREIEN WESTEN:
SUPERFRISCH –
SUPERFROH –
SUPERFREI: EIN SUPERMARKT...!!«

Margot Schroeder

Diagnose

In unsere Familie ischa nu 'n Unglück passiert. Der Alte hat sich bei »Do it yourself« in' Finger geschnitten. Nee, is das 'ne Tragödie. Gleich die Vorhänge inne Schlafstube runter. Daß man ja nich 'n Lichtstrahl an sein Schmerz kommt. Alle halbe Stunde tüddel ich ihm 'n Verband ab. Ich hab' 'n roten Strich, jammert er, führt direkt auße Verletzung raus. Umme Füße kommt 'n kalter Umschlag. Das schreckt so'n Strich ab. Meinst, ich weiß nich, was 'ne Abschrecktechnik is? 'N Nachteil hat so'n das Fieberthermometer, mir is so kalt. Ich glaub', ich muß sterben, Alte. Nu bin ich ja nich charakterlos. Ich anne Kognakreserve und erstmal 'n büschen Hoffnung in seine Innenanlakreserve und erstmal 'n büschen Hoffnung in seine Innenanlagen getankt. Nu is er gerettet. Er schnarcht tüchtig. Und ich steh' da an sei'm Bett, im einzigen weißen Kittel, den ich hab'. Alte, zieh was weißes an, das is hygienischer. Hat er gesagt. Ich hör' mir sein Genesungskonzert an und denk' an meine letzte Krankheit.

Frau'n sind zäh. Sagt mein Alter immer. Aber du kannst ja mal

hab'n, das dich so'n paar illegale Schmarotzer inne U-Bahn anspring'n. Und wenn sich so 'ne gewaltigen Grippebosse erstmal inne Organe festgesetzt hab'n, wirst du ganz schön ausgebeutet. Meine Abwehrkräfte hab'n 'ne richtige Revoluschion gestartet. Das Quecksilber, inne strategisch wichtige Hintergrundgegend, zeigte fast 'n Umsturz an. Ich nu ab ins Bett. Als ich auch abends noch nich inne Küche wanken konnte, hatte mein Alter Mitleid mit mir. Er ging inne Kneipe essen. Zehnmal, schwor er mir am ander'n Morgen, hab ich auffe Schwäche der Frau'n angestoßen, kannst mir glauben.
Kann ich nichts zu sagen. Mein Alter is 'n feiner Kerl. Wenn die Wohnung nu mal dreckiger is für'n paar Tage, meinte er, macht nichts, Alte, kommt ja keiner. Und wenn einer kommt, ischa die Frau krank. Mußt dir nichts aus machen. Ich bin ja da. Und weg war er wieder.

Margot Schroeder

Freizeitgestaltung

Wir sind nu auch unter die Campers gegangen, mein Alter und ich. Mensch, is das 'n Erlebnis, bist total mit Wäsche eingezäunt. Und die Gartenzwerge erst. Stehn blankgeputzt und steif inne Sonne wie zu Hause der Gummibaum. So richtige Vorbilder für 'ne Freizeitkultur.
Freizeitkultur? Mußt dich ja an' Kopf fassen als Camperin. Frei bin ich ja nu auf meine gepachteten 80 Quadratmeter. Aber das midde Zeit, hälst inne Nerven nich aus. Koch du mal 'n Essen auf sone Propangasflamme, da kannst deine Bratwurst auch gleich inne Sonne legen. Zum Klo mußt mitm Rad fahrn. Wo nachts hingemacht wird, siehst an besonders kräftig gewachsene Blum'.
Zurück inne Natur. War ich auch für, als der Alte mir seine Campingpläne verklarte. Auffe Liege midde Sonne schmusen, ganz frech mal in' Meerbusen strullern. Hast dir nur so gedacht. Freitagabend fährst du los und genießt blökende Hupen inne Autoherde. Wenn du auf deine gepachteten Naturrechte ankommst, bist erstmal fertig. Aber mit som büschen Dösen is nich, das Vorzelt muscha aufgebaut werdn. Nu will ich nich klagen, die menschliche Nähe ischa nu wirklich ganz großartig. Ich hab das Wort Nachbar glatt in Schnaps umgetauft. Kenn nu schon all die niedlichen Wohnwagenstübchen. Mußt dir 'n Loch in Bauch

saufen, sonst hast kein Platz inne Rauchwolken. Und nachts die Hochstapelei inne Enge. Hörst sämtliche Naturkatastrophen vom Zähneknirschen bis zum Schnarchen.
Wenn ich sonnabends aufwach, seh ich erstmal durch die lütten Fensterscheiben auffe Rasenglatze. Und krieg ganz weite Naturgefühle. Nu 'n Badeanzug umme üppige Muskelatur und rein midde Haare inne salzige Suppe vonne Ostsee. Träumst auch nur von. Steckst midde Seele inne Familienatmosphäre. Hab schließlich 'n Mutterinstinkt. Nur bis das Kaffeewasser kocht, koch ich auch schon. Und dann noch der unglückliche Flirt mitm Sonnenauge. Komm da einfach nich an.
Grad sitz ich midde Familieninnung anne Kaffeetafel, komm schon die ersten Verwandten. Habn alle 'n Auto, lieben alle die Natur und uns ganz natürlich. Inne freie Natur is alles frei vom Essen über meine Bedienung bis zum Übernachten. In sone Nähe hab ich Verwandtenhintern noch nie gehabt. Is 'n ganz neues Gefühl, son nacktes Überleben.
Am Sonnabendnachmittag kann ich in Ruhe das Geschirr abwaschen. Waschen die alle ihre Körper inne Ostsee. Wenn ich mich beeil, kann ich mich tatsächlich für 'ne halbe Stunde auf meine eigne Liege sonn'. Ich mein, wenn die zurückkomm': der Alte, mein Sohn und die Verwandten, muscha gastfreundlich sein. Wir haben uns extra noch zwei Liegen und 'n paar Wolldecken angeschafft. Nu kann ich nich sagen, daß unsere Sippe faul is. Nachmittags grillt sie unsere Würstchen manchmal selber.
Neulich sag ich zum Alten: Mir reicht das jetzt. Durch die Bedienerei anne Wochenenden geh ich genauso kaputt wie zu Hause. Hab schon tüchtig abgenomm'. Weißt, was der sagt: Das ischa der Sinn vonne Freizeitgestaltung. Ich wucher nu nich gern mit meine Pfunde, ehrlich nich, aber wie der auch noch seine Hände übern Bierbauch faltet, denk ich: Da muscha 'ne Gerechtigkeit gegentrommeln. Nu seh ich klar: Der Alte is 'n Gartenzwerg, 'n büschen groß geraten, aber läßt sich auch betüteln von vorn bis hinten. Den laß ich mir in Ton gießen und stell ihn mir aufn Balkon, leg mich inne Stadtsonne und geb ihm 'n Handschlag, weil er keinen tut. Ischa Ehrensache, mein Ehehälftenmodell anne Ostseeküste kriegt jedes Wochenende 'ne Ansichtskarte und die Kontoauszüge für unsere Ratenidylle. Wetten, daß nach ganz kurzer Zeit sein Bauchnabel wieder freiliegt? Und dann, Kinners, schnack ich mit ihm nochmal übern Sinn vonne Freizeitgestaltung.

Jo Mateiko

Deutsches Mädchen – bleibe rein!

Der heilge Vater auf seinem Thron
hat lauthals es verkündet:
Die Pille kommt von Satanus –
und hat das auch begründet.
Orgasmus ist kein Heiliger,
auf ihm, da liegt kein Segen!
Nur der, der Nachwuchs züchten will,
darf lustlos solches pflegen.

Es hat der heilge Vater nie
die Sache selbst probieret.
Kein Wunder, daß die Chose ihn
gar mächtig hat frustrieret.
Warum soll's andern besser geh'n
als ihm auf seinem Throne?
Den heilgen Knaus und Ogino
Halleluja zum Lohne!

Ein Pater Bonifatius
schrieb unlängst ein Traktätchen.
Für fünfzig Pfennig wendet's sich
an alle jungen Mädchen.
Der Pater Bonifazius
meint, kommt die Lust euch an,
dann nehmt ein kaltes Wannenbad,
das hilft bei jedermann!

Doch kommt's euch an im tiefen Wald,
kein Wasser ist vorhanden,
dann betet schnell 'ne Litanei,
sonst kommt ihr schnell zu Schanden!
Erst wenn ihr in den heilgen Stand
der Ehe seid getreten,
erlaubt euch röm'sche Obrigkeit
der Fortpflanzung zu pflegen.

Und wer da meint, das alles kann
ihn überhaupt nicht jucken,
der wird, wenn er mal abgekratzt,
blöd aus der Wäsche gucken!
Wenn er anstatt im Himmelreich –
tief in der Höll' wird schmoren!
Dann hilft kein Flennen – aus – er ist
für alle Zeit verloren!

Herbert Friedmann

Die dickste Frau der Welt

Wenn sie sich wiegen will, fährt sie zum Flughafen auf die Frachtwaage. Entdeckt von amerikanischen Reportern in Florida, wurde sie nun endlich einer breiten Öffentlichkeit zugänglich gemacht. Es ist unglaublich, aber wahr: Sie wiegt 742 Pfund. Ist das nicht eine Story? Dufte. So richtig was zum Lachen. Und es lachen alle. Und am lautesten von allen die Frau Kraft, denn die bringt selber ihre zwei Zentner Lebendgewicht auf die Waage, aber was bedeuten schon zwei Zentner gegenüber dem Gewicht der blonden Amerikanerin. Frau Kraft liest genüßlich vor: Ich habe noch nie eine Abmagerungskur gemacht, versichert die Blonde aus Florida und erklärt, daß sie lustig ist und ihr Mann sie so liebt, wie sie ist, und der, deutschstämmig aus dem Harz, nur 178 Pfund auf die Badezimmerwaage bringt. Der tüchtige deutschstämmige Fritz aus dem Harz hat ihr ein Riesenbett aus superhartem Holz beschafft und einen Spezialstuhl mit Stahlverstärkungen gebaut.

Toll, was die von Bild immer alles wissen. Schön, solche Tage, wo man schon am frühen Büromorgen herzerfrischend lachen darf, dank Bild. So stürzt man sich denn an die Arbeit, die schließlich bei aller Fröhlichkeit doch getan werden muß. Die Plastikhauben werden von den Schreibmaschinen genommen. Papier wird eingespannt. Bei drei geht es los. Und der Chef, der eigentlich nur die FAZ liest, hat herzhaft volkstümlich mitgelacht und freut sich, weil seine Leute sich freuen, und gesteht ihnen gerne die paar Minuten Arbeitszeit zu, wenn solche hübschen, anregenden Geschichten verlesen werden. Vor einem Jahr noch dachte er daran, seine Mitarbeiter mit flotter Musik berieseln zu lassen, aber gerade so ein Morgen, so wunderschön wie heute, bestätigt ihm mal wieder, wie überflüssig das ist. So geht es ja auch, und so läuft es sogar sehr gut.

Bald sind die ersten Geschäftsbriefe getippt, die ersten Auftragseingänge bearbeitet, und hoppladihopp ist Frühstückstime. Man schart sich um die liebe Frau Kraft, die man plötzlich in einem ganz anderen Licht sieht, weil die ja auch so dick ist und eigentlich auch verdammt lustig und immer so freundlich, ein richtiges Urtier, und gewiß wird sie auch von ihrem Mann abgöttisch geliebt, und der ist ja auch zum Vergleich zu seiner Angetrauten nur eine halbe Portion. Fast ist es so, als würde etwas von der Frau Kraft in Bild stehen. Schöne Sache, eine von uns, und Millionen lesen es.

Die dickste Frau der Welt war seit Jahren in keiner Badewanne. Die Kolleginnen lachen etwas gedämpfter, denn so eine Schweinerei ist gar nicht lustig. Und ein paar beugen sogar ihre gepuderten Näschen dezent in die Nähe der Achselhöhlen. Es ist alles O.K. Seit Jahren nicht...? Sie kann nur duschen, rückt der Bildreporter die deutsche Hausfrauen- und Bürodamenwelt wieder in die rechte Seifenlauge.
Die dickste Frau der Welt, die ihrem Fritz aus dem Harz sechs Kinder geschenkt hat, war ein ganz normales Baby, aber schon als Sechsjährige wog sie allerdings 70 Kilo. Hört, hört. Wurde sicher regelmäßig mit Alete vollgestopft, meint eine junge Mutter, mein Elias bekommt nur Breichen aus dem Reformhaus. Es entzündet sich eine längere Diskussion über richtige und falsche Babykost. Frau Kraft kann die anregende Geschichte nicht weiter vorlesen.
Im Nu ist die Frühstückspause zu Ende. Hängen wir noch fünf Minütchen dran. Unser lieber guter Chef wird schon nichts sagen.
Die Meinungen über die rechte Babynahrung bleiben geteilt. Und schließlich heißt es, zurück an die Arbeit, marsch, marsch. Die angefangenen Geschäftsbriefe werden zu Ende getippt, neue Bogen eingespannt. Und alle arbeiten voller Ungeduld auf die Mittagspause hin.
Aber Fräulein Meier hält die Spannung nicht aus. Ob die es wohl noch miteinander treiben? Alle prusten los, stellen sich den schmächtigen Harzer Fritz in den Armen der dicksten Frau der Welt vor. Na ja, ein Spezialbett haben Sie ja. Dann stieren alle auf die Frau Kraft, die Zweizentner-Kollegin, und einige können kaum ihr Grinsen unterdrücken. Die Frau Kraft müßte eigentlich ganz genau Auskunft geben können. Wo ein Wille ist, ist auch ein Weg, gibt sie kurz und vieldeutig zur Antwort.
Die Arbeit findet ihre Fortsetzung, nur verstohlenes Lachen verrät die Gedanken der Kolleginnen, und zwischendrin kreischt mal eine laut auf, und die anderen fallen schallend mit ein, denn irgendwo sind sie im Augenblick ein Herz und eine Seele. Aber darüber spricht man nicht...
Mittagspause. Nach dem Kantinenfraß treffen sich alle im Pausenraum, packen Obst und Joghurt aus, schließlich will man nicht so fett wie die dickste Frau der Welt werden, wenngleich das auch lustige Seiten hat und man sogar in Bild kommen kann, berühmt werden kann, aber lieber doch nicht.
Frau Kraft liest weiter, während sie ihren Joghurt mit Erdbeergeschmack rumrührt: Wenn ich mich aus Versehen an eine Wand lehne, kracht's immer sehr verdächtig. Gelächter. Na, bei den amerikanischen Holzhäusern. – Eine Neubauwand bei uns

ist auch nicht viel stabiler. – Die könnte unter ungünstigen Umständen auch ein Erdbeben auslösen.
Weiter im Text. Später hat sie mal Geld als Rock'n'Roll-Tänzerin verdient. Ich bin wohl mehr gerollt, erinnert sie sich. Und dann ist die hübsche Geschichte auch schon aus, aber sie gibt noch genügend Stoff her, um den Rest des Tages sich damit zu beschäftigen, sogar der Feierabend läßt sich damit ausfüllen.
Lachen macht auf die Dauer hungrig. Frau Krafts Bauch rumort wie eine Betonmischmaschine. Soll ich oder soll ich nicht, so kurz vor Feierabend? Verstohlen lächelnd geht sie in die Kantine. Was Süßes, um die verbrauchten Energien zurückzugewinnen. Auf dem Rückweg streift ihr Blick das schwarze Brett. War da doch während des allgemeinen Gelächters an diesem wahrhaft schönen Tag eine andere erfreuliche Story hingeflattert.
Den letzten Bissen Schokolade noch im Mund zermalmend, kommt die Frau Kraft in die Abteilung. Mal alle herhören. Kommt mal flink mit ans schwarze Brett. Die Kolleginnen folgen brav. Die Frau Kraft, unsere verrückte Nudel, piept eine, und alle lachen. Sekunden später lesen sie den Anschlag.
Die Geschichte von der dünnen Auftragsdecke, dicke Gewinne zwar, aber das sehe nur so aus, halt nicht dick genug, und man sehe sich gezwungen, ein wenig zu entschlacken. Da ein bißchen, dort ein bißchen. Nichts Beunruhigendes, Entschlackung ist schließlich gesund, tut allen gut, und so wolle man ab nächste Woche erst einmal etwas kürzer treten, ein paar nette Wochen Kurzarbeit halt, tja, und ein paar, wirklich ganz wenige nur, sozusagen die dicksten Brocken, müsse man bedauerlicherweise abstoßen, aber was halt eine handfeste Entschlackungskur ist, und ein paar Wochen oder Monate Ferien, hübsch ordentlich vom Arbeitsamt bezahlt, wen würde es nicht freuen. Gelle, Leute, das versteht ihr.
Aber so richtig lustig fand die Geschichte keiner, und als ob die lieben Leutchen von Bild das gewußt hätten, stand schon am nächsten Morgen wieder etwas drin, was Rechtes zum herzhaften Lachen: Deutsche Arbeitnehmer sind die Langmütigsten...?

Wer nur die Obrigkeit läßt walten…

Jürgen Alberts

Modell Deutschland – ein Wählermärchen

Hereinspaziert, hereinspaziert,
meine Herrschaften von hüben und drüben,
von West und von Ost, und ja nicht geniert,
hier können Sie sehen, hier können Sie staunen,
was keiner mehr glaubt und alle verführt:
das deutsche Sozial-Modell steht Ihnen offen,
der Eintritt ist beinah frei,
und das läßt was hoffen.

In der ersten Abteilung, da können Sie sehen
mit einer Million Köpfen – die Riesenschlange
vorm Arbeitsamt will nicht weitergehen
mit Zuckerbrot und frommen Wünschen;
sie bleibt so lang und sie bleibt stehen.
Und dazu rufen Wirtschaftskenner:
»Der Aufschwung ist da,
klotzt ran, ihr Penner!«

In der zweiten Abteilung zeigen wir heute
den Kraken mit tausend Armen und Taschen,
versucht dran vorbeizukommen, Leute,
er durchsucht euch und nimmt, was er findet –
Steuern, Mieten, Renten – fette Beute.
Von oben klingt der Jubelchor heiter:
»Der Preisanstieg ist gebremst«
bis nach der Wahl, dann geht es weiter.

In der dritten Abteilung, im Waffengewand,
Prinz Eisenherz, nicht nur für Kinder,
verkündet die Sagen vom Aufstieg im Land,
vom Jeder-kann-werden-wenn-er-nur-will,
verweist auf sein ruhmreiches Leben galant.
Und ruft einer aus dem Publikum dann:
»Habs aber nicht geschafft, Herr Prinz!«
Zückt dieser das Schwert, erledigt den Mann.

In der vierten Abteilung, da hören Sie – nicht
den Bauchredner mehr, der sitzt nur noch stumm,
zensiert ward ihm Maul und Bauch; er spricht
von besseren Zirkustagen gern,
zum Schluß stand er schweigend im Rampenlicht.
Da rufen Regierungslakaien herab vom Katheder,
und ausländische Gäste hören zu:
»Hier kann man frei sprechen,
über alles – und jeder!«

Die fünfte Abteilung zeigt ein Gewehr,
der Vorhang verbirgt den Schützen;
er zielt ganz leicht und trifft dann schwer.
Gehen Sie nur aufrichtig daran vorbei
und rufen laut ihren Namen daher,
und trifft Sie der V-Mann, dann sind Sie aus,
er erklärt der Presse die Gründe,
Sie bleiben ruhig, gehen still nach Haus.

In der sechsten Abteilung, der stärkste Mann,
er hält alle Stränge eisern zusammen,
nach Chile, nach Kapstadt, er zeigt, was er kann,
gestützt auf Moneten, die Arme gestreckt,
bahnt Investitionen, läßt Nazis ran.
Und zeigt sich ein linker Regierungsschimmer,
dann brüllt er großdeutsch in den Saal:
»Für Kommunisten Geld? Nie und nimmer!«

In der siebten Abteilung, ohne Unterleib
die Riesentante von hundert Jahren –
sie schläft ganz fest. Sie ist ein Weib,
mit Namen: sozial und demokratisch;
sie bietet uns etwas Zeitvertreib.
Und wenn die Wahl dann kommt, greift sie zum Rouge,
verkündet die großen Modelle
der neuesten Stimmungs- und Modewelle.

In der achten Abteilung heißt es: Ring frei,
jeder kämpft gegen jeden,
dem Nachbarn schlägt man die Brille entzwei,
der Kollege verhaut den Kollegen;
die Großen stehen nur lächelnd dabei
und behaupten: »Damit ihrs nur wißt,
schaut euch doch selber einmal an,
ob mit euch Sozial-Staat zu machen ist.«

Die beiden letzten Abteilungen sind
seit Jahren schon geschlossen;
da freuten sich früher Eltern mit Kind
über Nasenring-Bären und singende Sägen,
die Show kostet Geld, verpufft in den Wind.
Hereinspaziert, wer wagt, der gewinnt,
meine Herrschaften, treten Sie näher,
zwei Stimmen nur – und die Führung beginnt.

Jürgen Pawlick

Hans im Glück 1977

(frei nach den Gebrüdern Grimm)

»Mein lieber Hans«, sagte der Lehrherr zu seinem frischgebakkenen Gesellen, »du hast mir nun drei Jahre lang treu gedient, hast die Werkstatt gefegt und das Lager aufgeräumt, hast einmal in der Woche meinen Wagen gewaschen, bist täglich für meine Frau einkaufen gegangen und hast regelmäßig Überstunden gemacht. – Deshalb will ich dir nun das Teuerste geben, was man einem Menschen geben kann:
DIE FREIHEIT.
– Hau ab, und such dir woanders eine Stelle als Geselle!«

Wicht

Wirtschaftskrise

»In der Krise
müssen alle Opfer bringen«,
hodd der ›Peter von Siemens‹ gsachd.
Der schlaaferer
ko leicht
su bläid daherredn
waller si neemli kaum
selber nausschmeißn doud.

Wicht

Geschichtsunterricht

In der scholl
lernsd
daß der ludwig erhard
uns des »werdschafdswunder«
brachd hodd.
Dou frouchi miech:
der –
gans alaans
hodd am fließband
däi haffdn VW's
zsammondierd?

Carl Wüsthoff

Das Pudelchen und der Schlumpi

Ein Pudelchen, schick getrimmt wie ein Denkmal aus erster Hand, wurde jeden Abend von Herrchen »Gassi« geführt.
Eine Kreuzung zwischen »Schlump & Palmaile« ebenfalls.
Die Herrchen der beiden lernten sich kennen.
Pudelchen und Schlumpi ebenfalls.
Wenn Pudelchen »Anstalten« machte, blieb Herrchen stehen.
Pudelchen »machte«.
Wenn Schlumpi soweit war, stand Herrchen nicht einfach still, sondern ging mit ihm an den Kantstein.
Und das kam dem Pudelchen diktatorisch vor.
Er sagte zum Schlumpi: »Du. Mein Herrchen ist aber viel demokratischer als deiner. Meiner läßt mir vollkommene Freiheit. Ich kann machen, wo ich, wann ich und was ich will!«
»Jaaaaa«, sagte Schlumpi, »das mit der Freiheit, das ist sooon Ding. Weißt du, wenn das Freiheit ist, daß jeder tun kann, frei nach aller Lust, dann sind auch die Schweine ein freies Volk in ihrem Wust.« (Frei nach Tolstoi)

Johann Reiners

Oma Freese lernt Schwimmen

Du meinst, Oma Freese is nu alt? Daß sie all'n büschen tüddelich is? Daß'n da nich mehr auf zu hör'n braucht, was sie so brabbelt? Meinst du? Wenn du dich da man nich in ein'n Irrtum befindest! Ich weiß das nämlich besser – seitdem sie zweimal inner Woche zu mir kommt, um meinen alleinstehenden Haushalt zu versorgen. Siehst du!
Sagt Oma Freese mir heute morgen: »Jan«, sagt sie, »kannst du schwimmen?« »Ich?« sag ich, »schwimmen? Na, so lala. Aber warum?«
Sagt sie: »Weißt du denn gar nich, daß all die Rentners inne öffentliche Bäder Schwimmunterricht nehm'n? Un wunner dich man nich: Ich geh da auch hin! Und du weißt von nix? Na, da wunner ich mich aber. Wo du doch inner Partei bist un auch sons immerzu das Gras wachsen hörst. Na, da wunner ich mich aber!«
»Oma Freese«, sag ich, »nu drehn Sie man nich so drum herum. Warum lern die Rentners denn so bums alle schwimmen?«
»Tscha, Jan«, sagt Oma Freese, »das is ja nu nich wegen ›Trimm Dich‹, was du woll meinst. Nee, das is wegen die Opposition. Da woll'n die Rentners auf Nummer Sicher geh'n. – Nu kuck man nich so dösich; ich will dir das wohl auseinanner pulen.«
»Das is'n dummen Snack, was Sie mir da aufbinnen woll'n, Oma Freese.«
»Snack hin, Snack her, Jan. Weißt du, da hat einer was erzählt, von wegen die Rentenversicherung, daß die zu wenig Geld hab'n, un daß sie spar'n müssen, un so.«
»Un das Schwimmen un die Opposition, was hat das damit zu tun?« frag ich.
»Tscha, Jan, das isses ja grade. Da wird nu rumgetratscht in Bremen, daß, wenn die Opposition ans Ruder kommen sollte, müssen all die Rentners ein'n Schwimmtest machen.«
»Oma Freese«, sag ich nu all ziemlich fünsch, »was erzähl'n Sie mir da denn für'n Quatsch? Dürfen die ja gar nich, Oma Freese, 'n Schwimmtest!«
»Ob die das dürfen, oder ob sie das nich dürfen, Jan. Ich sach dir ja man bloß, was erzählt wird, nich: Wenn die Opposition ans Ruder kommen sollte, müssen all, die in Rente gehn wolln, erst über die Weser schwimmen. Die, die dann unterwegs unnergehn, is die Rentenversicherung los, un die das schaffen un auf die annere Seite vonne Weser rüber kommn, sind ja wohl noch rüstig genuch zum Weiterarbeiten.«

Wicht

Däi und mir

Sei ärbed
mou mer machn
nochadla
bringd mers a zuwos
Soong DÄI immer
dou hobbi
in grundich
mein aggordbladz
oo budn
ober kumma
isser bis heid nuned.

Ralf Winkler

Tschiribinggels

Nelson Gieringer war ein unternehmerisch veranlagter Mann. Deshalb glaubte auch er, die Welt mit einem neuen Erzeugnis beglücken zu müssen. Nach einigem Knobeln und Probieren in der Bastelecke seines Kellers schien ihm schließlich das Glück zu winken, der große Wurf zu gelingen. Jedenfalls war bei seinen Versuchen ein Produkt entstanden, von dem Gieringer dachte, es sei nun gut. Und vor allem: es läge was drin. Also legte er ein paar Exemplare davon in einen Korb, ging zu seiner Frau Annabella und sagte ihr: »Du, jetzt machst du dich mit diesen zwölf Tschiribinggels auf den Weg und siehst zu, daß du sie bald abbringst!«
Woher er übrigens auf den seltsamen Namen »Tschiribinggel« gekommen war, ist nicht ganz klar auszumachen. Womöglich lag's daran, daß er bei seiner letzten Ferienreise nach Bangkok einen ähnlich klingenden Namen hörte, der ihn so beeindruckte, daß davon das neueste Produkt seines regen Erfinder- und Krämergeistes profitierte.
Wie dem auch sei: Annabella wollte zuerst ihrem Mann widersprechen, besann sich dann aber, wer Herr im Hause ist, und

machte folglich erstens gute Miene zu Gieringers Tschiribinggel-Spiel und zweitens sich auf den Weg. Dies sozusagen in Umkehrung der Regel: Zuerst Marktforschung, dann forsch auf den Markt. Da Annabella aber ein anziehendes Wesen war – zwar hatte sie, da gerade Sommer, nicht sehr viel angezogen – und auch die Leute gut zu nehmen wußte, so gelang es ihr, das Zeug bald loszuwerden. Wie sie mit leerem Marktkorb und vollem Geldbeutel zurückkehrte, leuchteten Gieringers Augen gierig auf, und er sprach: »Es bestätigt sich: da liegt was drin!« Was, auf den Geldbeutel bezogen, ja auch eindeutig zutraf.
So ging es denn mit der Weltbeglückung durch das Tandem Nelson/Annabella weiter. Und zwar so flott, daß es bald einer dritten Kraft, nämlich einer Hilfskraft, bedurfte, die Gieringer sich durch ein Inserat im lokalen »Stinkdorfer Anzeiger« suchte.
Es meldete sich daraufhin ein Armin Schlukker, der kaum mehr gelernt hatte, als zu einer siebenköpfigen Familie mit stets hungrigen Mäulern zu gelangen. Doch mit seiner Einstellung und Brauchbarkeit klappte es. Zwar fand Schlukker, des Chefs Tschiribinggels seien ein fertiger Mist, »aber was soll ich täglich für die Hin- und Rückfahrt nach Rauchstadt zwei Stunden opfern, wenn ich hier beim Gieringer in Stinkdorf, nur fünf Minuten von zu Hause, nicht weniger verdiene?«
Flott ging es mit der Fabrikation und dem Absatz weiter. So flott, daß Gieringer auf den Gedanken kam: »Da müssen Automaten her!« Also ging er zur Bank, zum freundlichen Kundenberater B. Ankmann, und legte letzterem sein Anliegen vor, nämlich einen Kredit zur Anschaffung der Automaten und des dazu erforderlichen Gebäudes zu erhalten. Die Bank (soweit sie selber denken kann) dachte: »Ja, da liegt was drin!«, bewilligte den Kredit, und Gieringer hatte nichts weiter zu tun, als ihr regelmäßig den Zins zu überweisen.
B. Ankmann hatte, das nur so nebenbei, übrigens die Beobachtung gemacht, daß ein beachtlicher Teil jener Kunden, die ihr Geld über die Bank in Fabriken und Aktiengesellschaften anlegten, »zwar liebe, nette Leute sind, aber von den Produkten der betreffenden Firmen meist nichts oder weniger verstehen«. Ihnen sei es einzig wichtig, daß »was drin liege«. B. Ankmann, der nun mal – in seinen jugendlichen Illusionen – in diesem Fach seine Lehre gemacht hatte, der kaum eine Möglichkeit zu einem Berufswechsel sah, versuchte in der Folge, wenigstens das Beste aus dem zu machen, was in seinem Beruf »drin liegt«. Das heißt, er gab sich Mühe, die Kunden, wie er jeweils sagte, »einigermaßen vernünftig zu beraten«.
Bald danach hatte Gieringer seine ersten Automaten samt Dach

darüber, und die Tschiribinggels konnten frisch vom Dorfschopf ins Shop-Ville und noch woandershin wandern. Weil nicht mehr Annabella, sondern ein inzwischen eingestellter Chauffeur – er hieß zufällig Meinrad Wanderer – sie mit Gieringers Dreirad zur Kund- und Wiederverkäuferschaft fuhr. Natürlich bedurfte es zur Wartung der Automaten auch entsprechenden Personals. So hatte sich, wiederum auf eine Anzeige im »Stinkdorfer Anzeiger«, ein Mechaniker gemeldet. Karl Riera hieß er. Auch der sagte sich: »Da liegt was drin! Es ist ein aufstrebender Betrieb, und ich bringe es da bestimmt zum Chef der Betriebsmechaniker.« Was K. Riera später tatsächlich gelang. Von den Tschiribinggels fand er, die seien »Chabis«. Aber das brauchte er seinem Chef ja nicht zu sagen.
Kurzum: die Automaten spuckten etwas mehr aus, als jeweils flott wegging, und so stellte sich das Problem, eine Lagerhalle zu schaffen. Auch da sprang die Bank, natürlich gegen pünktliche Zinsen, wieder hilfreich ein. Denn noch immer lag was drin. Auch im Grundsatz, mit »Hilfen« reich zu werden. Und damit ebenfalls Tschiribinggels wie ihr Rohstoff richtig in der Lagerhalle drin lagen, dafür hatte ein Lagerist zu sorgen, der über die »Rauchstädter Regional Nachrichten« gesucht und auch gefunden wurde. Dies in der Person von Max Gaziner, der für sich – also vertraulich bis geheim – dachte: »Tschiribinggels sind ein Senf. Doch ist Gieringers Bude ein seriöser, zukunftsträchtiger Betrieb, und da habe ich bestimmt Chancen, es bis zum Lagerchef zu bringen.«
Damit aber die Automaten voll und richtig Tschiribinggels ausspucken konnten und trotzdem die Lagerhalle sich nicht zu sehr füllte, dafür galt es, einen Werbefritzen zu finden. Der hieß zwar nicht Fritz, sondern Ruedi Farnkrauterich. Doch tat dies seinen Fähigkeiten keinen Abbruch, jegliche Ware – und sei sie noch so faul – flott und »frisch« an den Mann (im Mond und anderswo) und an die Frau am häuslichen Herd (oder auch weit daneben) zu bringen.
Was Tschiribinggels überhaupt sind, möchte nun der eine oder andere Leser vielleicht gerne wissen? Etwa gar eine Kreuzung aus fertigem Mist, Chabis und Senf? Weit gefehlt. Doch hören wir hierzu am besten den Fachmann für »Information«, das heißt, den Spezialisten für »Phhöh-Blick-Rileischn«, unseren Ruedi Farnkrauterich: »Dank Tschiribinggels ein völlig neues Lebensgefühl!« – »Die genialste Erfindung der Neuzeit!« – »Was? Sie kennen Tschiribinggels noch nicht? Wo doch alle modernen Menschen sie seit langem besitzen und schätzen?« – »Phantastisch.« – »Unentbehrlich.« – »Etwas Besseres gab es nie.« Und in einem Fernstseh-Werbespot hieß es: »Hatschi! Hat

Peter Aschenbrenner

Das Kapital

Entweder man hat es,
oder man hat es gelesen.

sie? Sie ha..., ha..., hat Tschiribinggels und darum keinen Schnupfen mehr!«
Und wenn Nelson Gieringer und alle seine Was-drin-Lieger inzwischen noch nicht gestorben sind, wenn die Rezession, der Rohstoffmangel, die Energiekrise oder tschiribinggel-wachstumsfeindliche Subversion und Revol(ver)ution dem Spuk noch kein Ende gesetzt haben, so produzieren sie noch unentwegt weiter, bis die ganze Welt vertschiripinkelt ist.

Jürgen Alberts

Die neue Tarifrunde

Endlich hat Bonn die neuen Lohnleitlinien bekanntgegeben, nach denen die kommenden Tarifrunden sich richten können. Zwar ist von Gewerkschaftsseite mehrfach Kritik an diesen Leitlinien geübt worden, aber angesichts dieser Regelung dürfte die Kritik verstummen. Nicht zuletzt, weil die Abgeordneten aller Parteien dem Bonner Prozent-Vorschlag zugestimmt haben. Die neue Lohnleitlinie lautet:
50 Prozent und etwas mehr. Wer war da eigentlich so mit ihnen zufrieden? (Ihr Arbeitgeber, Arbeiter und Angestellte, können es nicht gewesen sein; wahrscheinlich waren es die Auftraggeber, die so zufrieden mit den Parlamentariern waren.) Und alles nur, weil ein Teil der Einkünfte versteuert werden soll.
Auf jeden Fall bleibt den Abgeordneten ein monatliches Netto von 8000 bis 10000 DM.
Ebenfalls kann die Bonner Urlaubsregelung in die neuen Manteltarife eingebaut werden: Die Parlamentsferien dauern fast ein halbes Jahr, bei vollem Lohnausgleich. Zu allen weiteren Vergünstigungen (freie Bahnfahrten etc.) sollen jährlich für jeden

Gib mir deine Lohntüte, die zieht dich hinunter...!
PROFIT
LOHN

Abgeordneten noch 11 600 DM an Beiträgen für die Altersversorgung ausgeschüttet werden. Das ist nicht viel weniger als das jährliche Einkommen der Arbeiter und Angestellten, die bei der kommenden Tarifrunde zeigen werden, was sie von den Bonner Parlamentariern gelernt haben.

N. N.

Unsere Firma

Ein Freund fragt: »Wem gehört die Firma?«
»Es kommt ganz darauf an.«
»Was heißt: ganz darauf an?«
»Ja, weißt du, wenn das Geschäft floriert, dem Unternehmer, wenn wenig Aufträge da sind, dem Staat. Und wenn es ganz unrentabel ist und die Hallen leer sind, dann sind wir dran schuld, daß ›unsere‹ Firma pleite geht.«

Herbert Friedmann

Das Wörtchen »wenn« und die Ungleichheit

Wenn das Wörtchen »wenn« nicht wär, wär dein Vater Millionär, antwortete mein Alter stets, wenn ich ihn mit unerfüllbaren Wünschen bombardierte.
Neues Geld war gedruckt und geprägt worden. Mit dem alten durften die Kinder spielen. Von dem neuen bekamen Männer wie Frauen 40 Mark. Auf diese Weise waren alle Menschen in Westdeutschland für eine Weile gleich. Keiner war reicher oder ärmer als der andere. Ich horchte auf. Die Geschichte zog mich in ihren Bann, und ich fieberte dem Schluß entgegen, fühlte, der Wahrheit über die Ungerechtigkeit in der Welt sehr nahe zu sein. Und im stillen bewunderte ich den Lehrer und schwor mir, einmal genauso klug zu werden.
So eine Gleichheit währt natürlich nur kurze Zeit, fuhr der Lehrer fort. Natürlich, weil es einfach ein Blödsinn ist, denn, um dies einmal zu veranschaulichen, der Fritz hier zum Beispiel ist um einiges dicker als der Klaus.
Es folgten einige Augenblicke der Stille und Besinnung.
Nun? fragte uns der Lehrer. Wir nickten beifällig. Wir hatten kapiert. Sehr gut, Kinder. Aus war der Traum von der Gleichheit

aller Menschen. Es war war eine sehr bitter schmeckende Medizin, diese plötzliche Erleuchtung. Der Herr Lehrer hatte brillant Sozialismus ein und für allemal als lächerliche Kinderei ad acta gelegt. Aber damit gab er sich noch nicht zufrieden. Die Geschichte von den 40 Mark war längst nicht zu Ende, es sollte viel schöner kommen. 50 Augenpaare hingen mit halbgeöffneten Mäulern an den dünnen Lippen des Schulmeisters, der sich in der Tat zu steigern wußte. Wie die Menschen nun mal äußerlich nicht gleich sind, Gott weiß warum, können sie es natürlich auch nicht in ihrem Verhalten sein. Es wurde immer natürlicher.
Und noch ein Beispiel: Sagen wir, der Fritz nimmt seine 40 Mark, und sagen wir, er kauft sich für 30 Mark ein guterhaltenes Fahrrad. Es bleiben ihm zehn Mark Rest, die er als Betriebskapital verwendet, denn mit dem Fahrrad unternimmt er nun für andere Leute gegen Bezahlung Botenfahrten. Er ist ein Unternehmer. Fragen? Keine Fragen. Der Fritz ist fleißig und die Geschäfte gehen gut, so daß er sich nach einem Jahr Arbeit ein flottes, gebrauchtes Auto zulegen kann. Nach weiteren Jahren des Fleißes und auch einiger Entbehrungen stehen in einem Fuhrpark statt alter Fahrräder und Automobile etliche Lastautos, die der Fritz natürlich nicht alle und zur gleichen Zeit bewegen kann. Er kann nun anderen Menschen Arbeit und Brot geben. Der Fritz ist dann nicht nur ein Unternehmer, sondern auch ein Arbeitgeber. Klar, Kinder? Alles klar, Herr Lehrer!
Andererseits hat der Fritz natürlich auch ein Risiko zu tragen, das Unternehmerrisiko, denn ebensogut hätten seine Aktivitäten nicht den gewünschten Erfolg haben können, seine Investitionen wären umsonst gewesen, aber weiter im Text.
Ein anderer, nennen wir ihn Franz, ging mit seinen 40 Mark in das nächstbeste Geschäft, um sich ein paar neue Hosen zu kaufen, mit dem Rest ging er vielleicht mit seiner Frau oder Freundin in ein Restaurant oder ins Kino. Schließlich war nicht vorgeschrieben, was einer mit dem geschenkten Geld anfangen sollte, es war der freien persönlichen Entscheidung eines jeden überlassen.
Nun ist es gut möglich, daß der Franz heute bei dem Fritz als Fahrer oder ähnliches beschäftigt ist. Er nahm dann also die Arbeit an, die der Fritz ihm gegeben hat, deshalb auch der Ausdruck Arbeitnehmer.
Ich war überwältigt. So waren also aus Gleichen Arme und Reiche geworden, Besitzende und Habenichtse. Mein Alter hatte also damals nichts eiligeres zu tun gehabt, als sich eine neue Hose zu kaufen. Verdammt und zugenäht, und mit Mutter hat er sich einen doofen amerikanischen Spielfilm angegafft und mir was von dem Wörtchen wenn erzählen, das an allem schuld sei.
Aber dann fiel mir das große Automobilwerk ein, in dem Vater

Arbeit nimmt. Sollte das einer mit 40 Mark aus der Erde gestampft haben? Au, Backe.
Als ich Vater des Lehrers Weisheiten überbrachte, lachte er laut und schallend. Alter Narr, dachte ich, bestimmt war das damals ein besonders komischer Film. Dann sagte er nur noch knapp: Der Lehrer ist ein Idiot.

Ingrid Müller / Claus-Jürgen Fischer

Zum Beispiel Zahnschmerzen

Zum Beispiel ein Gebiß,
da gibt es:
Backenzähne
Eckzähne
Schneidezähne
Weisheitszähne
und –
faule Zähne

Zum Beispiel die Wirtschaft,
da gibt es:
die Landwirtschaft
die Metallindustrie
die chemische Industrie
die Textilindustrie und –
die Rüstungsindustrie.

Und den Kiefer,
der hält das alles
zusammen.

Und den Industrieverband, der
hält das alles zusammen.

Jeder hat öfter mal Zahn-
schmerzen. Dann geht er
zum Zahnarzt.
Der untersucht ihn.

Wenn eine Fabrik keine Gewin-
ne abwirft,
Geht der Chef zum Wirtschafts-
minister.
Der Wirtschaftsminister unter-
sucht die Bilanzen.

Wenn es sich herausstellt,
daß es sich um ein karies-
bedingtes,

das heißt inflationsbedingtes,
Loch handelt,

bekommt der Zahn
eine Füllung.

beziehungsweise die Bilanz

Wenn aber der Zahnarzt,

also der Wirtschaftsminister,

den Zahn röntgen muß,
schickt er die Aufnahme
zur Entwicklung ins
Labor;

also wenn er die Bilanzen durchleuchten muß,
bringt er einen Bericht vor's Kabinett.
Der Unternehmer,

das heißt: der Patient
bekommt einstweilen
schmerzstillende Tabletten,

beziehungsweise Steuererleichterungen.
Damit kann er sich bis zur Weiterbehandlung über Wasser halten.

Der Wirtschaftsminister wartet den Befund der Regierung ab.

Der Arzt wartet den Befund des Labors ab.

Bei konjunkturbedingten Ausfällen,

wenn also ein Zahn ganz
kaputt ist, bekommt der
Patient

der Unternehmer
Konjunkturspritzen,
beziehungsweise Stillegungsprämien,

Betäubungsspritzen,
damit das Zahnziehen
nicht so weh tut.

Dann wird der Zahn
gezogen.
Der Patient ist wieder
gesund.

Und der Betrieb macht Pleite.
Der Unternehmer ist auch
gesund.

Wenn nun aber mehrere
Zähne kaputt sind,

also eine ganze Branche dahinsiecht,
baut die Regierung ihr goldene
Brücken ins Ausland,

bekommt der Patient auch,
sofern er zahlen kann,
eine goldene Brücke.

Die Kosten muß also der Patient tragen.

Die Kosten muß der Unternehmer – nicht – tragen.

Unter Umständen bekommt er einen Zuschuß von der Krankenkasse.

Der Zuschuß kommt in jedem Fall aus der Steuerkasse.

Das ist das Gesundheitsrisiko.

In der Wirtschaft nennt man das das Unternehmerrisiko.

Das ist alles noch ziemlich harmlos.

Aber nehmen wir mal an,
der Kiefer ist krank.
Die Zahnfäulnis wuchert.

Dann bleibt dem Zahnarzt
keine Wahl:

er plant
ein neues Gebiß
und packt das Übel
an der Wurzel.

Jochen Zillig

Einstellung nach Punkten

EMARCK GMBH Darmstadt, 19.4.77
Pharmazeutisches Unternehmen
Personalbüro A (Arbeiter)

Herrn
Hermann Hendrichs
Kaupstraße 21
6100 Darmstadt

Betr.: Ihre Bewerbung um eine Anstellung als Mitarbeiter in unseren Verpackungsbetrieben
Bezug: Ihr Schreiben vom 12. 4. 77

Sehr geehrter Herr Hendrichs!
Sie haben sich um eine Anstellung als Mitarbeiter in unseren Verpackungsbetrieben beworben. Wir bestätigen hiermit Ihr Schreiben und teilen Ihnen dazu folgendes mit:
Sie werden verstehen, daß uns als Unternehmen von Weltrang täglich Stellungsgesuche in großer Zahl erreichen und wir oft mit der Bearbeitung der Briefe kaum noch nachkommen.
Seit geraumer Zeit wenden wir daher eine Vorauswahl an, ehe wir einen Bewerber zu einem Einstellungsgespräch auffordern. Das Besondere an dieser Vorauswahl ist, daß der Bewerber sie anhand eines beiliegenden Tests selbst durchführt. Wenn Sie, Herr Hendrichs, diesen Test nun bei sich zu Hause sorgfältig und gewissenhaft ausgefüllt haben, werden Sie erkennen, ob Sie als Mitarbeiter in unserem Unternehmen willkommen sind oder aber Ihre Unterlagen zurückerhalten werden.
Der beiliegende Test dient uns auch dazu, Kosten einzusparen und dafür mehr Geld für Investitionen frei zu haben. Dies kommt dann natürlich wieder Ihnen bzw. Ihren Kollegen zu Gute, für die wir so mehr Arbeitsplätze anbieten können.
Falls Sie in dem Test die höchstmögliche Punktzahl erreichen sollten, bitten wir Sie, uns den ausgefüllten Testbogen umgehend zurückzusenden, damit wir Gelegenheit haben, Sie bald persönlich kennenzulernen.

Wir wünschen Ihnen ein gutes Gelingen und verbleiben mit vorzüglicher Hochachtung

EMARCK GMBH, Darmstadt, Personalbüro A

STANDARDISIERTER EINSTELLUNGSVORAUSWAHLTEST DES BDI, FORM A (Emarck GmbH)

Anmerkung: Es folgen zehn Gruppen von Auswahlantworten. Kreuzen Sie in jeder Gruppe nach reiflicher Überlegung *genau eine* an. Addieren Sie zum Schluß Ihre Punkte, nachdem Sie die Gummierung über dem Punktwert abgerubbelt haben, und sehen Sie nach Ihrem Ergebnis in der entsprechenden Spalte!
Achtung: Der Test ist fälschungssicher! Eine einmal angekreuzte Antwort kann nicht ausradiert werden!

I. Gruppe
EMARCK produziert wichtige Arzneimittel und Medikamente.
- ☐ Die Emarck-Mitarbeiter helfen, daß Kranke wieder gesund werden können. 4 P
- ☐ Arbeit bei Emarck bedeutet selbstloses Engagement am hilflosen Menschen. 10 P
- ☐ Emarck-Mitarbeiter helfen zwar auch kranken Menschen, erarbeiten aber auch den Gewinn des Unternehmers. 0 P

II. Gruppe
Emarck ist für unsere Stadt die größte Steuerquelle. Alle die schönen öffentlichen Einrichtungen wie Schwimmbäder, Parks, Schulen oder Kindergärten wären ohne unseren Betrieb gar nicht denkbar gewesen.
- ☐ Damit es unserer Stadt noch besser geht, muß der Emarck-Geschäftsleitung ein Mitspracherecht bei der Aufstellung des städtischen Etats gegeben werden. 10 P
- ☐ Die Geschäftsleitung Emarcks muß die Stadtväter in Zukunft noch besser beraten als bisher. 4 P
- ☐ Die Einflußnahme auf städtische Entscheidungen darf Emarck nur über die erlaubten Parteispenden vornehmen. 0 P

III. Gruppe
Der Vertrauensmann der Gewerkschaft will einen neuen Mitarbeiter zum Eintritt überreden.
- ☐ Die Geschäftsleitung erwartet, daß der Angesprochene sich dieses Angebot über Nacht überlegt und erst dann absagt. 0 P
- ☐ Die Geschäftsleitung erwartet, daß der Angesprochene dem Vertrauensmann selbstverständlich einen Korb gibt. 4 P
- ☐ Die Geschäftsleitung ist sich sicher, daß der Angesprochene dem Gewerkschafter mit dem Werkschutz droht, wenn er nicht unverzüglich weitergeht. 10 P

IV. Gruppe

EMARCK sieht sich gelegentlich gezwungen, aufmüpfige und gewerkschaftsorientierte Lehrlinge vorzeitig zu entlassen.

☐ Hier räumt die Geschäftsleitung energisch mit den Feinden unseres Staates auf. 10 P

☐ Die Geschäftsleitung sollte sich diese Entlassungen gründlich überlegen. 0 P

☐ Die Geschäftsleitung ist dem guten Ruf des Unternehmens verpflichtet und handelt grundsätzlich richtig. 4 P

V. Gruppe

Der Betriebsleiter entdeckt bei einer überraschenden Kontrolle, daß verschiedene Kollegen einer älteren Frau behilflich sind, die Akkordnormen zu erreichen.

☐ Der Betriebsleiter verurteilt das Verhalten aller Beteiligter als Verstoß gegen das Leistungsprinzip. 0 P

☐ Der Betriebsleiter versetzt die Frau in die Leichtlohngruppe und verwarnt die anderen Arbeiter. 4 P

☐ Der Betriebsleiter entläßt die Frau unverzüglich und ersetzt die Arbeitsgruppe durch zuverlässige und pflichtbewußte Kräfte. 10 P

VI. Gruppe

Sie wachen morgens mit Halsentzündung und Fieber auf.

☐ Emarck erwartet von Ihnen, daß Sie sogleich den Arzt aufsuchen, damit Ihre Gesundheit bald wiederhergestellt ist und Sie dem Betrieb zur Verfügung stehen können. 0 P

☐ Emarck verlangt von seinen Mitarbeitern, daß sie auch bei Krankheit selbstaufopfernd ihre Pflicht erfüllen. 10 P

☐ Emarck verteilt in den Arbeitspausen kostenlos Arzneimittel, so daß ein Fehlen bei Krankheit unnötig wird. 4 P

VII. Gruppe

In Ihrem Betriebsteil werden neue Refa-Normen aufgestellt. Eine Woche lang beobachtet Sie ein Zeitnehmer bei der Arbeit.

☐ Sie arbeiten weniger schnell, weil Sie sich gehemmt fühlen. 0 P

☐ Sie zeigen es dem Mann und legen sich ins Zeug. Schließlich sind Sie sportlich und ehrgeizig eingestellt. 10 P

☐ Sie kümmern sich um nichts und arbeiten kaum schneller als sonst auch. 4 P

VIII. Gruppe

Der Meister wählt Sie aus, um an einem arbeitsfreien Samstag eine Sonderschicht zu leisten.

☐ Es ist eine Ehre, dem Unternehmen dienen zu können, wenn es Sie ruft. Sie sagen also erfreut zu. 10 P

☐ Den fehlenden Schlaf kann man sonntags nachholen. Daher akzeptieren Sie den Wunsch des Meisters ohne Zögern. 4 P

☐ Sie denken an die Million Arbeitsloser und haben bei der Zusage ein schlechtes Gewissen. 0 P

IX. Gruppe

Neben der BILD-Zeitung gibt es noch andere Blätter, von denen die Geschäftsleitung weiß, daß sie objektiv berichten.

☐ Emarck empfiehlt den Emarck-Boten als Lektüre. 10 P

☐ Emarck empfiehlt die Lokalzeitung, das »Darmstädter Echo«. 4 P

☐ Emarck empfiehlt die Gewerkschaftspresse. 0 P

X. Gruppe

Die Bundesregierung hat die Mitbestimmung durchgesetzt. Besorgte Unternehmer, darunter natürlich auch Emarcks Geschäftsleitung, haben dagegen das Verfassungsgericht angerufen.

☐ Emarck braucht Fachleute, keine Genossen von der Gewerkschaft. 4 P

☐ Emarcks Existenz ist durch die Mitbestimmung praktisch vernichtet worden. In Zukunft werden Anarchie und sozialistische Mißwirtschaft herrschen. Darum weg mit der Mitbestimmung. 10 P

☐ Mitbestimmung bringt nur wenige Nachteile für die freien Unternehmer mit sich. 0 P

SUMME IHRER PUNKTE AUS DEN GRUPPEN I–X:

Auswertung

100 Punkte

Sie haben alle Fragen richtig gelöst und können mit einer Einstellung rechnen, wenn auch die mündliche Überprüfung zufriedenstellend verläuft, woran nicht zu zweifeln ist.
Sollte dennoch ein anderer Bewerber vorgezogen werden, bitten wir Sie, sich demnächst wieder zu bewerben. Leute wie Sie brauchen wir!!

75 bis unter 100 Punkte

Leider haben Sie das Ziel knapp verfehlt. Sie sind aus dem Bewerberrennen ausgeschieden. Aber überprüfen Sie doch einmal die Antworten, die Ihnen nicht die volle Punktzahl gebracht haben! Vielleicht ändern Sie hier mal Ihre negative Meinung? Das kann Ihnen sicherlich nichts schaden!

50 bis unter 75 Punkte

Sie kommen trotz einiger recht positiver Antworten für eine Einstellung nicht in Frage. Unsere Mitarbeiter müssen in ihrem Charakter, in ihrer politischen Auffassung und in ihrer sozialen Einstellung gefestigt und sicher sein. Sie werden es schwer haben, überhaupt einen Arbeitsplatz zu finden.

25 bis unter 50 Punkte

Sie sind völlig ungeeignet, in unserem Unternehmen mitzuarbeiten. Außerdem sehen wir uns gezwungen, Ihre Adresse dem Bundesamt für Verfassungsschutz zu melden, da wir Sie für einen potentiellen Radikalen halten. Mit solchen Leuten wollen wir uns natürlich nicht herumärgern.

0 bis unter 25 Punkte

Sie stehen natürlich nicht auf dem Boden der freiheitlichen demokratischen Unternehmensordnung. Sie müßten selbst wissen, daß Ihr Arbeitsplatz jenseits von Elbe und Werra liegt!

Herrmann Hendrichs 6100 Darmstadt, 21.4.77

Fa.
Emarck GmbH
Personalbüro A
6100 Darmstadt

Betr.: Ihr Schreiben vom 19. 4. 77,
vor allem aber Ihren Fragebogen

Sehr geehrte Herren!
Sie schickten mir auf meine Bewerbung hin einen »Einstellungsvorauswahltest« zu und forderten mich auf, selbst festzustellen, ob ich geeignet bin, Arbeit in Ihrer bedeutenden Firma zu leisten.
Als ich diesen Fragebogen unverzüglich durchlas, mir einen Bleistift spitzte und begierig darauf war, die richtigen Antworten anzukreuzen, wurde mir klar, daß ich, wenn ich ehrlich bin, überhaupt keine einzige Markierung anbringen dürfe.
Aber gerade deswegen glaube ich, wie kein Zweiter geeignet für die Arbeit in Ihrem Betrieb zu sein!
Das mag für Sie zwar zunächst ein Widerspruch sein, vor allem dann, wenn ich Ihnen sage, daß ich die Form Ihres Tests rückhaltlos unterstütze. Denn heute, wo die roten Ratten überall herumwühlen, muß der Unternehmer als Herr im Haus sein Eigentum wirkungsvoll zu schützen wissen! Dank gilt also allen jenen unbekannten Psychologen und Pädagogen, die sich immer wieder neue, faszinierende Tests einfallen lassen, mit deren Hilfe die Spreu vom Weizen getrennt wird.
Nur im vorliegenden Test scheinen die nicht recht in Form gewesen zu sein! Denn so, wie die Antworten lauten, für die man die 100 Punkte erhält, kann doch nie der rechte Mann für die rechte Arbeit gefunden werden. Ohne mich loben zu wollen: Mir wäre es leicht gefallen, 200 oder gar 300 Punkte bei Ihrem Test zu erreichen! Doch wo waren die dafür notwendigen Auswahlantworten? Nirgendwo, sie fehlten.
Deshalb gestatte ich mir, Ihnen anhand einiger Beispiele zu erklären, was ich geantwortet hätte.
Da wurde nach dem Verhältnis EMARCK–Darmstadt gefragt. Meine Antwort hätte klipp und klar so gelautet: Jawohl, Emarck hat das Recht und die Macht, die Stadt zu beherrschen! Und zwar uneingeschränkt! Denn derjenige, der das meiste in den Steuer-

topf schüttet, ist nicht nur am meisten wert, sondern hat auch am meisten zu bestimmen! Wo kämen wir hin, wenn jeder, vielleicht sogar noch so ein hergelaufener Arbeitsscheuer, genausoviel zu sagen hätte wie etwa der Aufsichtsratsvorsitzende unseres größten Betriebs?
Eine andere Frage bezog sich auf jenes Gesindel, das seinen alleinigen Lebenszweck darin sieht, in angesehene Firmen und Institutionen einzudringen, um dort zu spionieren, aufzuhetzen, zu sabotieren. Ich meine jenes Pack, das Sie vornehm mit »aufmüpfige Lehrlinge« (warum eigentlich so zahm??) umschreiben. Hier jedenfalls hätte meine Antwort gelautet:
Sofortige Abschiebung in die Ostzone auf Staatskosten!
Allein so was hilft heutzutage!
Da war noch die Geschichte, in der der Betriebsleiter die Kollegin beim Betrug erwischte und erkannte, daß die anderen Arbeiter jener kriminellen Dame auch noch beisprangen.
Das mindeste, was ein rechter Arbeitsmann hierzu sagen kann, ist, daß die gesamte Bagage unverzüglich wegen Betrugs, Geschäftsschädigung und Verherrlichung bolschewistischer Arbeitsweisen (Kollektivismus) hinter Schloß und Riegel gehört. Und anschließend muß sie zur weiteren Beobachtung in ein geschlossenes Heim eingewiesen werden. Wie sonst kann man das freie Unternehmertum wirkungsvoll schützen?
So jedenfalls würde mir ein Beantworten der Fragen Spaß gemacht haben.
Es gäbe noch vieles zu kritisieren, doch Sie werden schon gemerkt haben, daß Ihr Test insgesamt gesehen noch viel zu lasch ist. Ohne Zweifel werden Sie das bald korrigieren. Ferner bin ich der felsenfesten Überzeugung, daß ich der geeignete Mann für Sie bin und sehe daher Ihrer positiven Reaktion erwartungsfroh entgegen.

Mit vorzüglicher Hochachtung

Herrmann Hendrichs

PS: Noch eine Anmerkung: Mit meinen Gesinnungsfreunden habe ich beschlossen, mehr Arbeiter auf die Zeit bei Ihnen vorzubereiten. Wir wollen sie ausbilden und fördern, bis sie merken, welche Leute Sie in Ihrem Betrieb brauchen.

Dieter Schwenke

Tischgespräch

Ein wohlmeinender Sozialdemokrat betritt ein Restaurant. Alle Plätze besetzt, lediglich an einem Tisch, an dem ein junger Mann sitzt, ist noch ein Platz frei. Der wohlmeinende Sozialdemokrat geht auf den Tisch zu und spricht den jungen Mann an: »Entschuldigen Sie, ist dieser Platz noch frei?«
Der junge Mann nickt kurz, doch der wohlmeinende Sozialdemokrat bleibt scheinbar unschlüssig stehen. Schließlich sagt er: »Es klingt vielleicht ein bißchen komisch, aber darf ich Sie mal was fragen?«
»Schießen Sie los«, entgegnet der junge Mann.
»Sind Sie ein Kommunist?«
»Nein.«
»Stehen Sie der DKP nahe?«
»Nein.«
»Haben Sie schon mal mit Kommunisten zusammengearbeitet?«
»Nein.«
»Sind Sie Juso?«
»Nein.«
»Hegen Sie Sympathien für Benneter?«
»Nein.«
»Haben Sie vielleicht den Aufruf für Abrüstung und Zusammenarbeit unterschrieben?«
»Nein.«
»Sind Sie denn für Abrüstung und Zusammenarbeit?«
»Nein.«
»Was sind Sie denn?«
»Ich bin Anlageberater.«
Der wohlmeinende Sozialdemokrat atmet auf: »Da bin ich aber erleichtert. Dann kann ich mich ja ruhig zu Ihnen setzen.«

Peter Kühn

Auf der deutschen Bundesbahn

(Melodie: Auf der schwäbsche Eisebahne...)

Auf der deutschen Bundesbahn
Wollte nach Krähwinkel fahrn
Ein Staatsdiener mit Pension
Von der Bahndirektion

Wie jeden Tag um 8 Uhr drei
Steigt er müde ins Abteil
Nimmt sein Käsebrot heraus
Und breitet die Zeitung aus

»Lokführer entlassen ist
Denn er war ein Kommunist
In Kuba Jumbo-Jet entführt«
Liest er und ist ganz gerührt

Ach, denkt er, wie ist es gut
Daß der Staat uns schützen tut
Und aus dem Beamtenstand
Alle Radikalen verbannt

Zwar – der Schaffner, welch ein Graus
Sieht auch recht mongolisch aus
Nun, es ist schon höchste Zeit
Krähwinkel ist nicht mehr weit

Doch der Zug macht keine Rast
Hab den Bahnhof ich verpaßt
Schaut zum Fenster raus und denkt
Mir ist alles furchtbar fremd

Als der Zug 'ne Kurve macht
Was sieht er, ihn trifft der Schlag
Dort aus dem Lokführerhaus
Hängt 'ne rote Fahne raus

An sein Ohr ein Liedlein dringt
Lauthals der Lokführer singt
»Sch sch sch sch Eisenbahn
Wer will in den Osten fahrn...«

Der Staatsdiener leidet Qual
Doch da kommt ein Halt-Signal
Lokführer kehrt sich nicht dran
»Rot« heißt für ihn freie Bahn

Kommt die nächste Bahnstation
Mein Gott war das Moskau schon
Dabei wollt ich braver Mann
Doch nur nach Krähwinkel fahrn

Notbremse zieht er mit Macht
Nichts geschieht – der Schaffner lacht
Und so fährt der Zug dahin
Ist vielleicht schon in Peking

Die Moral von der Geschicht
Vertraut den Lokführern nicht
Einen hat man zwar geschaßt
Aber dann nicht aufgepaßt

Thomas Roos

Ein offenes Wort...

Wir alle wissen, wie notwendig der Radikalenerlaß für unsere freiheitlich demokratische Grundordnung ist.
Ich möchte hier aber einmal auf die noch ungeklärten Probleme hinweisen, die wegen unserer Radikalen bestehen. Wenn der Radikalenerlaß auch ein erster Schritt in die richtige Richtung war, so bleibt doch eine gewisse Unsicherheit, die nun endlich durch klare Vorschriften aus der Welt geschafft werden muß!
Wir wissen heute zwar, daß wir in den öffentlichen Ämtern vor den Linksradikalen sicher sind, aber wie sieht es denn in den anderen Bereichen des öffentlichen Lebens aus?
Wenn wir zum Beispiel in ein Hallenbad gehen, um uns durch Schwimmen von einem arbeitsreichen Tag zu erholen, kann es uns da nicht auch heute noch passieren, daß neben uns, nicht zu erkennen, ein Sozialist, ein Bekämpfer der freien Marktwirtschaft und des Privateigentums, ungestört schwimmt?
Oder wenn wir in eine Wirtschaft gehen und gemächlich ein Gläschen Bier trinken wollen: Kann es nicht sein, daß in demselben Raum mehrere Kommunisten gerade staatsgefährdende

PEKING
STOP!

Pläne aushecken, während wir machtlos daneben sitzen, weil wir dies ja nicht wissen können?
Schon nach diesen zwei Beispielen werden Sie gemerkt haben, daß es noch weitere Bereiche des öffentlichen Lebens gibt, die gegen Linksradikale völlig ungeschützt sind. Als zusätzliche Beispiele seien etwa noch die öffentlichen Verkehrsmittel genannt. Und die Geschäfte und Kaufhäuser. Man stelle sich das vor: Jeder Staatsfeind, jeder Revolutionär, jeder Anarchist kann bei uns noch überall alles einkaufen, was er will!
Dieser Zustand, und das muß ich hier mit aller Deutlichkeit sagen, ist für uns als gute Staatsbürger einfach nicht länger tragbar.
Meine Parteifreunde und ich haben uns deshalb konkrete Maßnahmen gegen diesen demokratiegefährdenden Zustand überlegt.
Wir sind dabei auf ebenso einfache, wie wirksame Methoden gestoßen: An Hallenbädern und Gaststätten genügen einfache Verbotstafeln: »Für Radikale ist der Zutritt verboten«.
In unseren Verkehrsmitteln könnte man spezielle Abteile für die Linksradikalen einrichten.
In den Geschäften stünde es den Verkäufern offen, an Linksradikale etwas zu verkaufen oder nicht. Diesen Ermessensspielraum wollen wir den Verkäufern deshalb lassen, weil natürlich auch ein Linksradikaler Brot, Milch und ähnliches braucht. Hier wollen wir den Radikalen sogar einen gewissen Rechtsschutz einräumen.
In Verbindung mit Artikel 2 Absatz 2 Grundgesetz soll jeder einen Rechtsanspruch darauf haben, daß ihm Grundnahrungsmittel verkauft werden. In diesem Punkt werden wir vielleicht der Kritik der Opposition ausgesetzt sein. Wir wollen aber schon jetzt betonen, daß wir als Demokraten stolz, ich betone: stolz auf diese Klausel sind. Denn gerade das unterscheidet uns ja von den Radikalen, daß wir selbst unsere Feinde noch demokratisch behandeln.
Nun werden Sie mich aber zu Recht fragen: Wie soll denn zum Beispiel der Verkäufer überhaupt erkennen, daß er einen Linksradikalen vor sich hat?
Selbstverständlich haben wir uns auch darüber Gedanken gemacht.
Wir sind zu dem Ergebnis gekommen, daß das einfachste eine äußerliche Markierung wäre, die jeder Linksradikale tragen müßte.
Man könnte sich zum Beispiel einen roten Punkt oder ein ähnlich auffallendes Emblem vorstellen. Natürlich müßte dieses Emblem gut sichtbar von den betreffenden Personen getragen

werden. Zuständig für das Tragen solcher Embleme wäre der Verfassungsschutz, der das regelmäßige Tragen durch Stichproben zu kontrollieren hätte. Sollten Verstöße gegen die Pflicht zum Tragen des Emblems festgestellt werden, kann dem Betreffenden ein Zwangsgeld bis zu 5000 DM, ersatzweise bis zu drei Monaten Arrestierung, auferlegt werden.
Wir möchten ausdrücklich darauf hinweisen, daß wir einen Vergleich dieses Emblems mit den sogenannten »Judensternen«, auf das Schärfste zurückweisen. Die gelben Sterne, die in der Zeit des Dritten Reiches von jedem Juden getragen werden mußten, beruhten auf einem unglückseligen Antisemitismus, also extremen Rassismus, den wir als Demokraten natürlich verurteilen. Die Judenhetze damals war Ausdruck einer schlimmen Diktatur. Uns geht es aber gerade darum, daß es in Deutschland nie wieder zu einer Diktatur kommt. Unsere Maßnahmen sollen ja gerade vor solchen Demokratiefeinden schützen, vor einem neuen Hitler, beziehungsweise einer marxistischen Diktatur.
Es sollte sich deshalb jeder darüber im klaren sein, daß seine Ablehnung unserer Maßnahmen zumindest eine indirekte Unterstützung für die Linksradikalen darstellt.
Natürlich konnte ich hier nur die Grundzüge unserer Ergänzungsvorschläge zum Radikalenerlaß darstellen. Aber Sie können sich darauf verlassen, daß wir alles tun werden, was dem Schutze unserer freiheitlich demokratischen Grundordnung dienlich ist.

Dieter Schwenke

Am wohlsten fühle ich mich
in meinen eigenen vier Wanzen.

Dr. Traube

Jo Mateiko

Hygiene
oder Sauberkeit vor allem

Früher, da nannte man 'ne Wanze: Tapetenflunder,
und diese Flundern machten Tapeten bunter.
Diese Wanzen soffen Blut – ähnlich den Vampiren.
Im Gegensatz zu Flöh'n war'n sie nicht zu dressiern.
Es war'n fiese Viecher – doch dank uns'rer Chemie
wurden die ausgerottet – Chemie schaffte sie!
Die Wanzen verschwanden – der Hygiene zu Nutz –
Heut gibt es nur noch Wanzen vom Verfassungsschutz!

Und so 'ne Wanze haste ganz schnell im Hause.
Ob du Traube heißt – oder Müller, Maier, Krause.
Es genügt, wenn dir – und da hilft dir kein Klagen –
dein Herz links schlägt, schon geht's dir an den Kragen!
Das Grundgesetz wird ganz einfach dispensiert
und 'ne Wanze in deiner Wohnung installiert.
Stöhnst du beim Lieben, oder tobst du mit Geschrei:
Der Verfassungsschutz ist immer dabei!

Und ob das nun legal ist oder auch nicht,
ob man Artikel dreizehn des Grundgesetzes bricht,
nicht lange gefackelt, nicht lange geziert:
Übergesetzlicher Notstand wird proklamiert!
Geht dabei auch die Demokratie vor die Hunde!
Übergesetzlicher Notstand! – Parole der Stunde!
Ich sag euch: Mögt ihr euch darob auch wundern,
man könnte fast Sehnsucht kriegen: nach echten Tapeten-
flundern!

Artur Rümmler

TENUNZIN, ein neues Medikament

Gebrauchsanweisung für ein einnahmepflichtiges Medikament, das demnächst vom Gesundheitsministerium auf den Markt gebracht wird, um den kranken Volkskörper zu heilen.

TENUNZIN (Kapseln)
Zusammensetzung: Eine Kapsel enthält 100 mg Faschismocyclin.
Eigenschaften: TENUNZIN, das synthetische Breitspektrum-Antibiotikum Faschismocyclin, hat sich in der Behandlung einer großen Zahl von Infektionskrankheiten des Denkens und Fühlens, verursacht durch marxistische und andere demokratische Erreger, als sehr wirksam erwiesen.
Das Wirkungsspektrum von TENUNZIN ist breiter als das anderer Kapitalismocycline und erfaßt deshalb mit Sicherheit auch den kleinsten und feinsten demokratischen Erreger.
Nach Einnahme von TENUNZIN kommt es schnell zu empfindlichen, über 24 Stunden anhaltenden geistig-seelischen Zuständen, in denen der Kranke auch den kleinsten Erreger in sich selbst und in anderen Personen entdeckt und dies sofort an die Öffentlichkeit bzw. den amtlichen Meldestellen hinterbringt.
Anwendungsgebiete: Alle Infektionen des Denkens und Fühlens wie Influenza rationalis, Influenza critica, Wahrhaftigkeitsfieber, Gerechtigkeitsfieber, Abneigung gegen Unterordnung, Gier nach Selbst- und Mitbestimmung, Sucht nach Erhaltung des Reallohns, Anfälligkeit für Streiks, zwanghafte Neigung zur Veränderung der bestehenden Verhältnisse und zur Umschichtung des Volksvermögens, verursacht durch Erreger wie Marxokokken, Engelsokokken und Leninokokken.
Dosierung und Anwendungsweise: Wenn vom Arzt nicht anders verordnet, erhalten pro Tag: Kinder und Jugendliche 1 Kapsel, Erwachsene 2 Kapseln. Bei schweren Erkrankungen kann eine Tagesdosis von 3 Kapseln während der gesamten Krankheitsdauer gegeben werden.
Die Tagesdosis wird üblicherweise auf einmal verabreicht. Zweckmäßig ist es, TENUNZIN regelmäßig morgens mit dem Frühstück, vor dem Gang zur Arbeit, einzunehmen. Vor dem Besuch von Gewerkschaftsveranstaltungen ist eine zusätzliche Kapsel einzunehmen. Linke Buchläden sind grundsätzlich zu meiden, Fernsehen hat sich im allgemeinen als nicht schädlich erwiesen. Als flankierende Maßnahme hat die Lektüre von

Schnüffel
Kommission
GRUND
GESETZ

ministeriellen Erlassen, von FAZ, WELT, Bayernkurier, Handelsblatt und Nationalzeitung eine gute und stabilisierende Wirkung.
Im allgemeinen empfiehlt es sich, die Behandlung erst nach Abklingen des Fiebers abzusetzen. Bei Infektionen durch Leninokokken sollte die Therapie über weitere 10 Tage fortgesetzt werden, um der Entwicklung der Influenza communistica bzw. der Revolutionaritis epidemica vorzubeugen.
Nebenwirkungen und Begleiterscheinungen: TENUNZIN wird im allgemeinen nicht gut vertragen. Häufig treten unvermeidbare Nebenwirkungen auf wie Gefühlskälte, Kopfschmerzen, Schlafstörungen, Augenstarre, Hals- und Zungenstarre und Leichenblässe, gelegentlich auch Unverträglichkeitserscheinungen von seiten des Magen-Darm-Traktes wie Übelkeit, Erbrechen und Durchfall. Trübungen des Denkens und Sehstörungen auf dem rechten Auge lassen sich ebenfalls nicht vermeiden; in diesem Falle ist dem Patienten zu empfehlen, das Denken anderen zu überlassen und sich immer hart rechts zu halten. Alle genannten Nebenwirkungen aber lassen sich durch finanzielle Zuwendungen, durch Beförderungen, Belohnungen und Ehrungen sehr gut bekämpfen.
Allergische Reaktionen treten häufig auf bei Patienten, die der Arbeiterbewegung entstammen oder Erfahrung im Klassenkampf besitzen. In jedem Falle müssen schwere Überempfindlichkeitsreaktionen unverzüglich dem Arzt gemeldet werden.
Die Anwendung von TENUNZIN führt in nicht seltenen Fällen zur Entwicklung von resistenten Bakterienstämmen. Die davon betroffene Personengruppe zeigt dann bei Einnahme von TENUNZIN leider keinerlei Wirkung.

Franco Biondi

Lachen verboten

1. Die Fundgrube

Es waren einmal die Gewaltparagraphen, die die Verherrlichung von Gewalt und die Verbreitung von Schriften und die Leute, die die Gewalt billigten, unter Strafe stellten. Seitdem schien im Lande die gewaltigste Ruhe und Ordnung zu herrschen.
Inzwischen war Hiller Staatsanwalt der politischen Abteilung

geworden. Hiller, etwa Mitte dreißig, schmal, dunkle Haare, immer glatt rasiert, oft mit graukariertem Anzug und feuerroter Krawatte, die bis zum Reißverschluß der Hose reichte, der sich für seinen selbstbewußten Gang einen Namen in seiner Abteilung gemacht hatte, wünschte eigentlich, seitdem er seine Karriere in der Abteilung begann, daß die Atomgegner unter seine Kompetenz gestellt wurden, denn gerade von dort aus schien ihm die eigentliche Gefahr auszugehen.
Nun war er für politische Gefahren und Auswüchse zuständig, so nannte er die politischen Regungen links der politischen Mitte und begnügte sich damit.
Eines Tages rief ihn der Oberstaatsanwalt Huber an und fragte ihn drohend, wieviel Tage von Neujahr bis zum heutigen Tag vergangen wären. Hiller verstand ihn nicht genau. Vorsichtig fragte er, was gemeint sei, denn er wollte keine Reiberei mit seinem Vorgesetzten haben, er wollte ja seine Karriere nicht verbauen.
Sie haben doch einen Tageskalender, meinte Oberstaatsanwalt Huber trocken. Darauf steht auch, den wievielten Tag wir heute haben.
Hiller beugte sich über seinen Kalender. Hundertvierundfünfzig, antwortete er leise.
Soso. Und wieviel Anzeigen haben Sie in Sachen politischer Verbrechen von Neujahr bis heute erstattet?
Ehm ehm. Ich habe sie nicht so genau gezählt. Wissen Sie, wenn man so viel schafft.
Soso. Wenn Sie es nicht wissen, sage ich es Ihnen. In Ihrem Anzeigenregister sind nur zweihundertundvier Aufnahmen registriert. Das sind noch nicht mal zwei am Tag, während unser Staat von den Politpiranhas zerfressen wird.
Gewiß, gewiß Herr Oberstaatsanwalt. Ich recherchiere und stelle Anzeigen her am laufenden Band, ich . . .
Schauen Sie genauer, was an staatszerstörender Propaganda in den Desperado-Buchläden wimmelt.
Ehm ehm. Ich werde alles neu überprüfen. Ich werde das Gesetz aufs Schärfste anwenden.
Das wollen wir hoffen. Guten Tag, Herr Staatsanwalt Hiller, mahnte Huber und verabschiedete sich.
Noch nie hatte Hiller so geschwitzt. Ihm war um seine Karriere bange geworden. Er mußte ja glänzen, wenn er aufsteigen wollte. Und würde er den Anforderungen an einen politischen Staatsanwalt nicht genügen, so wäre die Gefahr vorhanden, irgendwo in der Provinz, an irgendeine bedeutungslose Stelle versetzt zu werden.
Er war ratlos.

Aber ich bin doch fleißig gewesen. Unser Krieg gegen Gewaltbücher hat doch Erfolg, dachte Hiller.
Am Nachmittag ließ er sich eine neue große Packung linker Literatur bringen. Sein Schreibtisch bog sich unter der Last. Er fing sofort an, in einigen Büchern, Zeitschriften und Zeitungen zu blättern.
Die Zeit verging. Beinahe vergeblich suchte er Anzeichen strafbarer Literatur. Fast resignierte er. Plötzlich sah er ein merkwürdiges Bild auf dem satirischen Blatt ›Der Biß‹. Die Abbildung zeigte ein Haus mit durchlöcherten und eingeschlagenen Fenstern und ausgehängten Türen. Verstümmelte Bücher lagen herum. Unten ein Zweizeiler: Auf Gewalt kommt es hier nicht an. Das Kleingeschriebene unter diesem Zweizeiler las er nicht mehr. Die Abbildung und der freche Zweizeiler waren schon genug.
Aha. Siehst du, entwickelte sich Hiller im Selbstgespräch. Das ist Aufforderung zur Gewaltanwendung. Sogar gegen unser heiligstes Gut: ein öffentliches Gebäude. Das reicht schon. Verbreitung von Schriften und Bildern, die Gewalt gegen öffentliche Gebäude verherrlichen und befürworten.
Hiller ging in seinem Zimmer auf und ab und überlegte. Dann ging er an den Schreibtisch und notierte sich die Namen der Bösewichte. Der verantwortliche Redakteur vom »Biß«, Karl Bauenhaus, der Bildproduzent, Max Eulen.
Noch am selben Tag schrieb er den Hausdurchsuchungsbefehl, den Haftbefehl und das Plädoyer, das er vor Gericht halten wollte.
Während er schrieb, stellte er sich vor, welchen Erfolg er bei der Verhandlung haben werde. Er lächelte selbstzufrieden. Er wird zeigen, was er kann. Vor allem freute er sich über die bevorstehenden Erfolge bei der Aktion Gebiß-Entfernung – so taufte er sie –, die er in Kürze einleiten würde. Er stellte sich vor, wie die Gebiß-Entfernung vonstatten gehen sollte.
Es wird wunderbar klappen, dachte er. Der Huber wird über meine Arbeit endlich zufrieden sein. Dem werde ich zeigen, was ich alles kann. Den Bauenhaus verhaften. Den Eulen verhaften. Die linken Buchhändler anzeigen – wegen Verbreitung subversiver Schriften. Die Abonnenten der Zeitung anzeigen – wegen illegaler Lektüre verbotener Schriften. Ah! Meine Zeit ist wirklich gekommen! Vielleicht kriege ich an die tausend Anzeigen zusammen? Moment. Gleich kontrollieren. Mal sehen, wieviel Abonnenten der Biß hat. Zwanzigtausend! Mensch, das ist eine Fundgrube! Was sind die zweihundertundvier Anzeigen in dreieinhalb Monaten gegenüber den Zehntausenden in ein paar Tagen? Das ist die wahre Arbeit. Sogar besser, als sich gegen die

Atomgegner herumzuplagen. Und mit zwanzigtausend schaffe ich einen Jahresrekord. Mal rechnen. Jaa! Bei zwei Anzeigen am Tag hätte ich dreißig Jahre gebraucht, um zwanzigtausend Anzeigen zu erstatten.

2. Ein großer Tag

Es kam der Tag der Verhandlung. An diesem Tag ging Hiller schon zwei Stunden früher zum Gericht. Er fühlte, daß ein großer Tag gekommen war, für ihn und den Staat. Im Korridor traf er einen Amtsgenossen, der ihn freundlich und achtungsvoll grüßte. Hiller erwiderte mit einem leichten Lächeln. Dann ging er ins Staatsanwaltszimmer, wo er seine Anklageschrift noch einmal in Ruhe lesen wollte.
Es wurde Zeit, und Hiller machte sich zum Gerichtssaal auf.
Als er den Saal betrat, war der bereits voll Zuhörer. In der vordersten Sitzreihe saß auch Oberstaatsanwalt Huber.
Aha. Er will sehen, was ich kann, dachte Hiller. Ich bin aber gut vorbereitet.
Hiller grüßte ihn herzlich und ging zu seinem Platz.
In der Anklagebank saßen Bauenhaus und Eulen. Sie wirkten ruhig und beantworteten die Fragen des Gerichtsvorsitzenden mit einer Gelassenheit, die Hiller beunruhigte. Was ihn noch mehr beunruhigte, war die Beschreibung des Sachverhalts seitens der Angeklagten. Eulen sagte, daß er nicht schuld sei. Er sei gerade im Haus der Jugend gewesen, als die Polizei mit einem Staatsanwalt kam und das Haus durchsuchte. Die Polizei sei dabei so grob vorgegangen, daß dies in der Abbildung, die er kurz darauf gemacht habe, ersichtlich sei. Als er, Eulen, den Staatsanwalt nach der Richtigkeit der Art und Weise des Vorgehens der Polizei befragte, antwortete der so: Auf Gewalt kommt es hier nicht an. Darauf habe Eulen das obengenannte Zitat unter das fotografierte Haus gestellt, was dann im »Biß« abgedruckt worden sei.
Hiller war baff. Er hatte sein Plädoyer auf den Verstoß »Befürwortung von Gewalt gegen öffentliche Gebäude« aufgebaut. Nun mußte er feststellen, daß dieser Satz von einem Amtsgenossen ausgesprochen worden war. Er begann, kalt zu schwitzen. Er lockerte seine feuerrote Krawatte, holte sein Taschentuch aus der Tasche und wischte seine Stirn. Nun war er an der Reihe mit seinem Plädoyer. Mit dröhnender Stimme begann er.
Meine Damen und Herren, dieser Sachverhalt ist kompliziert. Komplizierter, als man ursprünglich hätte denken können.

Diese Schrift- und Bildguerilleros glauben, daß sie durch den Einwand, das Zitat sei nicht von ihnen, der erwarteten Strafe entgehen. Oh, nein. Durch die Tricks, Dokumentarkunst, was ich entartete Kunst nennen würde, zu betreiben, glauben sie, geschützt zu sein. Aber sie haben sich geirrt. Und wie haben sie sich geirrt. Ein übernommenes Zitat ist ein sich zu eigen gemachtes Zitat.

Plötzlich begann eine Frau in der linken Ecke des Saales zu kichern. Hiller warf ihr einen bösen Blick zu, redete aber weiter.

Ja, meine Herren. Sehen Sie sich diese Abbildung an. Sehen Sie. Sehen Sie genau. Sie ruft zur Gewalt auf. Gewalt gegen unsere freiheitliche demokratische Grundordnung. Diese Abbildung ist eine gewalttätige Abbildung.

Die Frau in der linken Ecke des Saales fing an, schallend zu lachen. Hiller, der schon die ganze Zeit mit ernstem Blick hinschaute, wurde diese Lachsalve lästig.

Wer lacht denn da! schrie er. Er wandte sich zu den Polizisten und befahl: Verhaften!

Die Polizisten gingen zur Frau und rissen sie weg. Hiller wandte sich wieder an die Zuhörer.

Meine Damen und Herren. In diesem Fall geht es um Exemplarisches. Es geht um ein Lehrbeispiel.

Er konnte seine Ausführungen nicht weiterführen. Schon brach in der linken Ecke erneut Gelächter aus. Diesmal waren es eine Frau und ein Mann.

Wer wagt denn da schon wieder zu lachen?

Er wandte seinen Kopf zum Gerichtsvorsitzenden, Zustimmung fordernd, und befahl den Polizisten: Die da in der linken Ecke verhaften. Verhaften!

Die Lachenden wurden weggeführt. Hiller holte sein Taschentuch raus und trocknete sich die Hände. Sein Gesicht wirkte aufgebläht. Verzweifelt suchte er zwischen seinen Blättern nach Hilfe. Ab und zu wühlte er in seinen Haaren. Die Krawatte machte er mal locker, mal eng. Die Stimme wurde lahmer.

Er war steckengeblieben, griff zu seinen Plädoyerblättern und versuchte, den Schluß noch zu lesen.

Ja. Auf jeden Fall … die Gewalt gegen unsere Werte. Diese Gewalt, oder besser: diese Bild- und Schriftgewalt.

Er wurde wieder unterbrochen. Inzwischen hatte sich das schallende Lachen im ganzen Saal ausgebreitet.

Verhaften! Verhaften! Verhaften! tobte Hiller. Und obwohl etliche weggeführt wurden, wurde der Saal immer voller. Es hatte sich wohl herumgesprochen, daß es hier um Exemplarisches ging. Die Leute strömten in den Saal, um es an Ort und

Stelle mitzuerleben. Und je mehr die Anwesenden in Gelächter ausbrachen, desto mehr beteiligten sich auch einige Polizisten und Gerichtsdiener an der allgemeinen Lachaktion, und desto mehr schrie Hiller verzweifelt: Verhaften! Verhaften!
Der Oberstaatsanwalt Huber, der bisher den ganzen Vorgang mit einer gewissen Kühle betrachtete, erhob sich von seinem Platz und ging zu Hiller.
Na. Sie haben es ganz gut gemacht. Mein Kompliment, sagte er mit einem leichten Lächeln und klopfte ihm auf die Schulter.
Hiller stutzte. Wie? fragte er.
Ich sage, Sie haben prima gearbeitet, sagte Huber und lachte.
Was? Sie wagen es? tobte Hiller. Den Mann verhaften! Verhaften!

Jo Mateiko

Was issen ein Radikaler?

Bist du een Laupenpieper
und züchtest Rosen rote
und det janz ohne Tarnung –
denn biste een Chaote!
    Und hast du rote Haare,
    wirds für dich noch fataler –
    denn färbste die nicht schwarz ein,
    bist du een Radikaler!

: : Ja, da kannste dich dann drehen virtuos,
    so nen Stempel kriegste schwerlich wieder los.
    Kannste flennen, dementieren rigoros –
    alles Jammern hilft nicht, det bleibt wirkungslos! : :

Sagst du so im Gespräche
des öftern: blöder Scheißer;
hilft dir keen Lamentieren:
Du bist een Bombenschmeißer!
    Gehst du mal in ne Kneipe,
    bestellst du für nen Taler
    ne gute Flasche Roten –
    biste och een Radikaler.

: : Ja, da kannste dich…

Und biste für die Pille,
wat Paule gar nicht recht ist;
denn weiß gleich jeder Schwarze,
det du een Kommunist bist.
    Hast du ne neue Masche,
    gibst dich als Liberaler –
    nur eenmal demonstrieren –
    biste och een Radikaler!

: :   Ja, da kannste dich...

Gehst du chinesisch essen,
fummelst wie een Artiste
mit Stäbchen in de Nudeln –
bist du een Maoiste!
    Hast du ne neue Bude,
    betätigst dich als Maler,
    streichst deine Wände rot an –[1]
    biste och een Radikaler!

: :   Ja, da kannste dich...

Du kannst natürlich och übalegen, wieso mit so ne miese Tour eener fertig gemacht werden kann. – Und der Denkprozeß könnte für dich, für uns alle! sehr nützlich sein. Versuchs mal.

Franco Biondi

Ordnung muß sein!

Am Montagmorgen stand ich etwas früher auf, um rechtzeitig an der Haltestelle zu sein. Ich bemerkte den Fahrkartenautomat vor der Haltestelle.
Zu was für Fortschritte sind die Menschen doch fähig, dachte ich. Als ich früher mit der Straßenbahn fuhr, war der Fahrer für den Verkauf zuständig.
Ich stellte fest, daß ich kein Kleingeld in der Tasche hatte. Ich sagte mir, ich werde schon in der Straßenbahn eine Fahrkarte einlösen können. Und ich wartete.

[1] Das Lied wurde 1975 geschrieben. Im Sommer 1976 wurde einer Jugendgruppe im Raum Frankfurt/Main ihr Jugendraum fristlos gekündigt, weil die Gruppe die Frechheit besessen hatte, ihren Gruppenraum ROT anzupinseln. Hier wurde der Liedermacher von der Realität eingeholt.

WORTE
DES
MAO
TSE TUNG

In der Straßenbahn war der Fahrer überhaupt nicht ansprechbar. Wenn sie keine Fahrkarte geben wollen, dann fahre ich eben ohne, brummte ich, setzte mich und vertiefte mich in die Zeitungslektüre.
Am Platz der Republik stiegen drei Männer ein. Einer sprach mich an: Die Fahrkarte, bitte. Ich erklärte ihm, warum ich keine Fahrkarte hatte und verlangte, den normalen Preis zu zahlen, was er strikt ablehnte.
Wer schwarz fährt, muß zwanzig Mark zahlen, sagte er trocken. Und sprach von Eintragung in die Karteikarte. Drei Reihen weiter war eine Frau in der gleichen Situation. Ich wollte keine Schwierigkeiten haben und zahlte. Freundlich gab er mir eine Quittung.
Nach Feierabend besorgte ich mir Kleingeld in der Kneipe, holte die Fahrkarte für die Rückfahrt und stieg in die Straßenbahn ein. Die Fahrkarte hielt ich in der Hand, um sie bei einer Kontrolle sofort zu zeigen. Die Fahrt verlief ohne Überraschungen. An der Hauptwache stieg ich aus, um einkaufen zu gehen. Die Fahrkarte warf ich beim Aussteigen weg.
Plötzlich sah ich eine Truppe Kontrolleure und mehrere Polizisten mit Schnellfeuerwaffen und Schäferhunden vor dem Ausgang stehen. Ich erschrak.
Die suchen bestimmt Terroristen, sagte ein Mann vor mir.
Hier ist eine Fahrkartenkontrolle, rief aber der Kontrolleur ganz vorne. Halten Sie Ihre Fahrkarte bereit, damit die Kontrolle im Interesse aller Fahrgäste zügiger vor sich gehen kann.
Ich rannte zur Straßenbahn zurück, wo ich die Fahrkarte weggeworfen hatte. Sie war aber nicht mehr zu finden. Ich stellte mich als letzter an die Reihe und wartete ungeduldig.
Wo haben Sie denn Ihre Fahrkarte, sagte der Kontrolleur zu mir.
Ich erklärte ihm, was passiert war.
Das kann jeder sagen, rief er.
Die Tricks kennen wir, meinte ein anderer Kontrolleur. Das ist wieder ein Radikaler, ein Befürworter des Nulltarifs.
Wieviel mal sind Sie schon schwarzgefahren, fragte der erste.
Ich badete in Schweiß.
Ich bin überhaupt nicht schwarzgefahren, entgegnete ich.
Aha. Er stellt sich stur. Sollen wir die Polizei rufen, sagte er und deutete auf die Polizisten.
Personalien, forderte der zweite.
Mit der Polizei wollte ich überhaupt nichts zu tun haben, nickte mit dem Kopf und gab die Personalien. Der Kontrolleur nahm meinen Ausweis und funkte die Daten weiter. Nach einigen Sekunden rief er sarkastisch: Aha. Schon zum zweitenmal an einem Tag. Das wird für Sie ein teurer Spaß werden.

Ich erläuterte ihnen beide Vorgänge. Darauf reagierten sie vergnügt. Inzwischen hatten sie das Schwarzfahrerformular ausgefüllt und mir zur Unterschrift vorgelegt. Ich unterschrieb.
Die Rechnung kriegen Sie zugeschickt, sagte der zweite anschließend.
Statt einkaufen zu gehen, ging ich in die Kneipe. Die Wut stieg in mir hoch, und ich trank, um sie zu stillen.
Als ich dann zur Haltestelle zurückging, um nach Hause zu fahren, beschloß ich, diesmal überhaupt keine Fahrkarte zu holen, ja schwarzzufahren, wie man so schön sagt.
Die Straßenbahn kam, ich stieg ein und dachte: Diesmal werde ich mich endlich revanchieren.
Nach zwei Haltestellen wurde die Straßenbahn angehalten. Eine Truppe Kontrolleure stieg ein.
Fahrkarten raus und Hände hoch! schrie einer der Kontrolleure. Aufstehen und sich mit dem Gesicht ans Fenster wenden!
Prompt standen die Fahrgäste auf, hoben die Hände, mit der Fahrkarte zwischen den Fingern, und wandten sich ans Fenster.
Einige Fahrgäste hatten wie ich überhaupt nichts in der Hand.
Drei davon, darunter ich, nach der Überprüfung der Ausweise, wurden in die Zentrale gebracht, in ein kleines Zimmer.
Nach einigen Sekunden trat wortlos ein schmaler, lächelnder Mensch ein. Er setzte sich, ohne ein Wort zu sagen, hin und blickte mich an.
Name?
Fritz Holler.
Geboren?
Acht fünf fünfundvierzig.
Wieviel mal schwarzgefahren?
Gar nicht.
So. Hier steht zum dritten Mal an einem Tag.
Ich schwieg.
Wissen Sie, was Sie erwartet?
Ich werde lieber meilenweit zu Fuß gehen. Nie mehr mit der Straßenbahn.
Er lachte vergnügt. Dann sagte er mit ernstem Gesicht:
Nach der Schwarzfahrerordnung wird allen Schwarzfahrern, die dreimal ohne Fahrkarte erwischt werden, ein großes S auf die Stirn gebrannt, damit dieses schändliche Verhalten von jedem verachtet werden kann.

Franco Biondi

Extremisten im Affenfell

Eines Tages bekam ein Polizeibeamter einen Anruf: »Da im Zoo, im Mandrillokäfig, habe ich merkwürdige Beobachtungen gemacht: Die Affen bauen mit leeren Colaflaschen Molotowcocktails. Mir ist dann aufgefallen, daß sie gegen Abend, kurz bevor der Zoo für die Besucher geschlossen wird, aus ihrem Käfig rausgehen. Sehr wahrscheinlich sind es Extremisten, die so glauben, ungestört und unentdeckt ihre Taten durchführen zu können.«

Der Polizeimeister nahm zuerst den Anruf nicht ernst: »Wieder ein Bürger, der sich über unsere Arbeit lustig macht.« Doch einige Tage später kam eine Frau vorbei, die berichtete, daß sie im Zoo und genauer im Mandrillokäfig eine Affenversammlung gesehen habe. Als die Frau sich dem Käfig näherte, löste sich die Affengruppe auf, und ein Affe versteckte, so behauptete sie zu sehen, einen Stoß von Flugblättern.

Der Polizeimeister fing an, den Sachverhalt ernst zu nehmen; er stellte eine Mannschaft zusammen und bereitete die Aktion »Zoobesuch« vor. Als der Zoo für die Besucher geschlossen wurde, ging die Mannschaft zum berüchtigten Käfig. Die argwöhnischen Polizisten sahen, daß die Affen sich ruhig verhielten, ja, daß der eine sogar schlief, der andere sein Fell kratzte. Die Ordnungshüter versteckten sich und beobachteten die Einzelbewegungen der Affen: Wenn sich dahinter Extremisten versteckten, würde man dies schon an den auffallenden menschlichen Bewegungen bemerken.

Es wurde langsam Nacht; die Schreie der Tiere im Zoo verhallten immer wieder unerwartet, und den Ordnungshütern wurde der nächtliche Zooaufenthalt unheimlich. Gespannt starrten sie in den Käfig.

Einige Stunden später fing der eine Affe an, am Türschloß des Käfigs herumzuspielen.

Der Polizeimeister sprang auf und rief: »Laß dein Fell fallen, mein Freund! Wir haben dich!« Der Affe, erschrocken, trat wieder in seinen Käfig zurück und versteckte sich unter einem Autoreifen. Der Polizeimeister, verstärkt in seinem Verdacht, trat entschlossen in den Käfig und schrie lauthals: »Du bist entlarvt! Du brauchst nicht mehr den Affen zu spielen. Komm raus, oder wir schießen!«

Erschrocken zog der Affe sich zurück. Der Polizeimeister näherte sich und versuchte, das Fell vom Körper des Affen zu reißen.

Wütend vor Schmerz sprang das Tier auf ihn zu, biß ihn in die Hand und kratzte ihn im Gesicht.
Die Polizisten vor dem Käfig gerieten in Unruhe. Einer rief: »Vorsicht! Die Terroristen greifen unseren Chef an!«
»Verdammte Revoluzzer!« schrie ein anderer, zog seine Waffe raus und schoß in den Käfig. Er traf dabei nicht nur den Affen, sondern auch den Polizeimeister tödlich.
Am Tag der Beerdigung stand auf dem Sarg: »Er fiel bei der Verteidigung unserer freiheitlichen, demokratischen Grundordnung.«

Peter Kühn

Ein Monster steht im Felde

(Melodie: Ein Männlein steht im Walde)

Ein Monster steht im Felde ganz still und stumm.
Es hat – daß keiner hingeht – einen Zaun drum rum.
Sag, wer mag das Monster sein,
Das da steht im Feld allein?
Das wird doch wohl kein atomares Monster sein.

Ein Männlein steht vorm Monster ganz still und dumm.
Und 1 000 grüne Männlein stehn mit herum.
Sag, wer mag das Männlein sein,
Mit dem Gummiknüppelein?
Das wird doch wohl nicht etwa der Förster sein.

Im Wirtshaus in den Dörfern um's Monster rum,
Da sitzt der Bauernfänger und redet dumm.
Sag, wer mag der Onkel sein,
Schwatzt da auf die Bauern ein?
Das wird der Bauernfänger vom Monster sein.

»Sagt ob ihr das Märchen vom ›Mönsterleinchen‹ kennt.«
So spricht der Bauernfänger, reibt sich die Händ.
»Unser Strom ist so preiswert,
Strom für euren Kohleherd,
Den Nachttopf mit Beleuchtung fürs kranke Pferd.«

Hat's Mönsterlein Beschwerden, dann wird's repariert,
Weil sonst der Monster-Chef 'ne Menge Geld verliert.

Eine Million pro Tag,
Ei, wer das bloß bezahlen mag?
Tralalalala, taritiralala.

Wir machen euch im Winter den Fluß schön warm,
Damit man auch im Winter drin baden kann.
Gefährlich ist das alles nicht,
Wir haben ja den TÜV-Bericht,
Und daß der TÜV bestochen ist, glaubt ihr doch ... nicht.

Ihr lieben Bauersleut, ihr seid jetzt informiert.
Die Lichter müssen brennen, was auch passiert.
Und wer was dagegen sagt,
Gehört zum Demonstranten-Pack,
Daß bei uns der Osten eingeschmuggelt hat.

Weil unserm Mönsterlein nie was passieren kann,
Drum halten wir geheim den Katastrophenplan.
Und käm der Tag, der niemals kommt,
Lauft nicht voller Angst davon,
Sondern schaut zu, daß ... ihr in den Himmel kommt.

Jürgen Alberts

Lesegeräte für die bürgerliche Presse

Also ein Reißwolf ist eine feine Sache: Vorne steckt man die Papierkilos rein, und hinten kommt etwas Gebrauchsfertiges heraus, z. B. Konfetti oder Luftschlangen – und diejenigen, die für den Reißwolf plädieren, meinen, man sollte die bürgerliche Presse vor dem Lesen dort einfüttern.
Also ich lese immer zwischen den Zeilen, man soll nicht alles glauben, was drin steht, aber zwischen den Zeilen findet sich doch viel Wahrheit, sagte der FAZ-Abonnent und klopfte mir auf die Schulter.
Notwendig ist ein kleines Arsenal an Lesegeräten, um die tägliche Morgenpost auszuwerten. Hier sind einige Vorschläge, die vielleicht ein findiger Verwerter aufnehmen könnte:
Der Interessenklopfer, idiotensicher im Gebrauch, er wird angeschlossen an Zeitung und Leser – beim Lesen eines Artikels oder Kommentars, der besondere Interessen verbirgt (an sich müßte er dauernd klopfen), setzt er sich in Bewegung. In der Art eines

Metronoms, für die kleinen Sonderinteressen, oder eines Teppichklopfers könnte man sich dieses Lesegerät vorstellen.
Die Zusammenschau-Anlage könnte als eine Brille konstruiert werden, die man nach der Lektüre der bürgerlichen Zeitung aufsetzt, mit ihr werden Meldungen und Berichte von verschiedenen Seiten zusammengefaßt, z. B. auf Seite 1 steht: Krisenerscheinungen in der Wirtschaft noch nicht gebannt, auf Seite 4 (der Wirtschaftsseite) steht: BASF schloß mit der besten Bilanz seit Jahren ab. Die Zusammenschau-Anlage müßte in der Lage sein, wie ein Computer, Themen zu speichern, die über Tage in der Presse angesprochen werden.
Die Lupe mit der eingebauten Warum-Frage, von der technischen Seite ist auch dies Gerät kein Problem: In eine gewöhnliche Lupe, mit der man die Zeitungsspalten genauer lesen kann, wird eine Warum-Frage eingespiegelt, so daß man ständig daran erinnert wird, die Frage auch zu stellen.
Das Kommentarsieb besteht aus einem feinmaschigen Drahtgeflecht und dient dazu, überflüssige Schreibe, journalistischen Schmock und behäbiges Wortgeklingele auszusieben. Wie leicht festzustellen ist, wird man für manche Zeitungen einen Schüttelrost für diesen Vorgang brauchen, der dem Kommentarsieb vorgeschaltet werden muß.
Der Nachrichtenverstärker, der auf akustischer Basis arbeitet, liest selbsttätig dem Leser politisch wichtige Nachrichten vor und schafft damit Prioritäten in der Meldungsflut.
Der Handlungserwärmer, am ehesten zu vergleichen mit einer Heizdecke, verhindert, daß bestimmte Meldungen den Leser kalt lassen. Wie bei einem Lügendetektor (auch mit diesem Gerät kann man bei der bürgerlichen Presse viel anfangen) wird der Leser über heiße Drähte verbunden.
Das Rotlicht, eine einfache Blinkanlage für alle verhinderten Informationen, für Teilberichterstattung, für fehlende Hintergründe. Ein Licht, das stets flackert und manchmal zum Warnlicht wird.
Ein Einmachglas für Lesefrüchte, der dreizackige Wortklauber, das Silbenputztuch, einige feinere Geräte, für diejenigen, die der bürgerlichen Presse auf neue Spuren kommen wollen. Das Arsenal der Geräte ist ausdehnbar, am besten vom Leser der bürgerlichen Presse.

Wicht

SCHLAGZEILEN

Däi bild-zeidung
koosd ned amool
zun scheißn midnemma
wallsd neemli sunsd
in ganzn dooch
mid
an schwarzn oarsch
umananderrennsd.

Jürgen Pawlick

Wetterbericht

Und nun aus Frankfurt der Wirtschafts-Wetterbericht für die nächsten Jahre:
Bei geringen politischen und wirtschaftlichen Unterschieden in Westeuropa erhöhen sich die nach Deutschland eingeflossenen Exportprofite.
Das Tief über Amerika verlagert sich langsam nach Europa und bleibt für die nächsten Jahre wirtschaftsbestimmend.
– Die Vorhersage für das nächste Jahr:
Nach gebietsweiser Auflösung einzelner Klein- und Mittelunternehmen Erhöhung der Arbeitslosigkeit auf 5% – im Laufe des Jahres zunehmend, besonders unter den Jugendlichen. Hier zu erwartende Höchstwerte um 15%. Nach vermehrten Rationalisierungen weitere Gewinnsteigerungen. Jahreshöchstwerte der Industrieumsätze bei 680 Milliarden DM – Tiefstwerte bei 650 Milliarden DM. Vor allem in der zweiten Jahreshälfte gebietsweise starke gewerkschaftliche Aktionen mit örtlichen Streiks. Schwache, im Norden auch mäßige bis frische wirtschaftliche Belebungen, vorherrschend aus östlichen Richtungen.
Die weiteren Aussichten: veränderbar!

Wer zuletzt lacht…

Peter Fischbach

Die bewußte Distanz

Ein Zimmermann in seiner typischen Arbeitskleidung sitzt in der Hamburger Straßenbahn. Er liest Zeitung. Das ist nicht ungewöhnlich in einer Straßenbahn.
Wenn man aber genauer hinsieht, bemerkt man: Die Zeitung, die unser Zimmermann liest, ist die UZ, die Tageszeitung der DKP. Und wenn man noch genauer hinsieht, sieht man auch die kleine Anstecknadel mit dem Portrait Lenins an seinem Revers.
Ihm gegenüber sitzen zwei biedere Hamburger Pfeffersäcke. Blauer Blazer, Clubkrawatte, Aktenkoffer. Auch sie studieren Zeitungen. Einer die ›WELT‹, der andere die ›WIRTSCHAFTSWOCHE‹.
Schon seit geraumer Zeit fixiert einer der Biedermänner unseren Zimmermann recht giftig. Sein Blick wandert abschätzig von der UZ über die Leninnadel bis hinauf zum Zimmermannshut. Zu seinem Nachbarn sagt er – so, daß es viele Fahrgäste hören sollen: »Hören Sie, lieber Leutekauf, manchmal frage ich mich: Wie weit ist es eigentlich von einem Kommunisten bis zu einem Lumpen?«
Die Leute starren den Zimmermann an. Der holt ruhig seinen Zollstock aus der Seitentasche, legt ihn zwischen sich und Leutekauf an und sagt: »Meine Herren, im Moment etwa 80 Zentimeter.«

(Nach einer Anekdote aus den 20er Jahren)

Carl Wüsthoff

Die drei Kaiser und die drei Schweine

Das Jahr 1888 war für das herrschende Hohenzollerngeschlecht im Preußen-Deutschland ein tragisches Jahr. Im Frühjahr starb der erste Kaiser, Wilhelm I. Neunundneunzig Tage später sein Sohn, als Kaiser Friedrich III. Dem folgte dann dessen Sohn, Kaiser Wilhelm II.
Die preußisch-deutschen Nationalisten machten aus diesem

Umstand einen ungeheuerlichen Kaiserrummel und fabrizierten unter anderem auch das berühmte »Drei-Kaiser-Bild«.
Sie brachten es mit großem Getöse auf den Markt, und wer es nicht kaufte, war eben ein schlechter Deutscher.
Auch der in Barmstedt als »Sozi« bekannte Schuster Hein Dreier mußte sich, der Kundschaft wegen, in seiner Werkstatt so ein Bild an die Wand hängen.
Trotzdem wurde er in seiner Stadt so geschuriegelt, daß er zuletzt aufgab und nach Neumünster zog. In Neumünster gab es mehr Industrie, und Verwandte besorgten ihm dort eine Wohnung.
Der in der Gegend bekannte »Esel-Harm« verpackte also Heins Siebensachen auf seinen Kastenwagen, seine Frau und die drei Kinder kamen obendrauf, und Hein ging nebenher, um auf die drei Jungschweine aufzupassen, die unten im Wagenkasten verstaut waren.
Als sie die Stadtgrenze von Neumünster erreichten, stand dort der Stadtgendarm und wollte die Ladung kontrollieren.
Wer mit dem Eselgespann des »Roten Harm« fahre, meinte er, sei auch so ein hinterlistiger Vaterlandsverräter wie der Harm und so störrisch wie seine Esel.
Hein Dreier mußte auf den Wagen und seine Habseligkeiten vorzeigen.
Als letztes zeigte er das Kaiserbild und sagte: »Datt is datt letzte. De dree Schwien kannst di von unnen ankieken.«
Darauf wurde der Polizist wütend, weil er meinte, Hein Dreier hätte mit den »dree Schwien« die drei Kaiser gemeint, und verhaftete ihn auf der Stelle wegen Majestätsbeleidigung.
Auf diese Weise kam Hein Dreier erst nach drei Wochen in seine Wohnung. Seine Frau und Kinder, seine Utensilien und die drei Schweine kamen gut und sicher unter. Dafür sorgten die Kollegen und Genossen. Hein Dreier wurde durch diese Episode bei den Neumünsteraner Arbeitern bekannt und ein geachteter und geschätzter Kollege. Der Schutzmann aber hatte seinen Namen weg.
Hinter der vorgehaltenen Hand nannte ihn jeder Arbeiter: »Datt Dree-Kaiser-Schwien.«

LITERATUR
DER
ARBEITS-
WELT
KURO

Heinrich Peuckmann

Wenn es gegen den SV geht

Theo erzählt gern alte Geschichten – und besonders dann, wenn er im Nordentor an der Theke steht, ab und an nach Karin ruft, der Wirtin das leere Bierglas hinhält, dabei meist sagt: »Mach' noch mal 'ne Tasse voll«, und Karin manchmal antwortet: »Du könntest dir auch mal was Neues einfallen lassen, Theo.«

Aber Theo läßt sich nichts Neues einfallen, der Spruch ist so alt wie die meisten seiner Geschichten, und die sind ganz gut. Jetzt stell' dir mal vor, du gehst ins Nordentor, der Theo, den kennst du natürlich, steht ganz zufällig an der Theke, du hast noch den Kopf voll von der Sportschau und sagst einen Satz, der müßte ungefähr klingen wie dieser: »Du, Theo, die sollen in der Bundesliga bestochen haben, sollen rückwärts gespielt haben, kannst du das glauben?« Sagt der Theo bestimmt: »Hau mir doch ab«, und der nächste Satz würde, darauf gehe ich jede Wette ein, mit »Weißt du, wir früher« beginnen.

Theo hat nämlich selber Fußball gespielt früher, war Torwart bei Blau-Weiß, für seine Reaktionsschnelligkeit in der gesamten Liga bekannt, aber auch für seine kleinen Schwächen, die zeigte er besonders, wenn er vor dem Spiel noch ein paar Bierchen trank. Davon erzählen seine alten Freunde, wenn sie Theo mal ärgern wollen, und die bekannteste Geschichte kennt Walla Schmidt, der war Mittelläufer bei Blau-Weiß:

Meisterschaftsspiel gegen Lünen, Theos Schwager hatte gerade Geburtstag, und so kam es, daß Theo mit gehöriger Fahne aufs Spielfeld lief. Bis kurz vor Schluß ging alles gut, Blau-Weiß führte sogar eins zu null, da machten die Lünener einen Steilangriff, standen plötzlich mit zwei Mann gegen Walla Schmidt, der den Ball hatte und in der Not nur noch zurückspielen konnte. Theo hatte das gesehen, war rausgelaufen, Schlägermütze auf dem Kopf, dachte noch kurz an die drei Weiber hinter seinem Kasten, davon hatte die eine prima Beine, wollte die Sache ganz lässig klären und kniete sich graziös, um den Rückpaß aufzunehmen. Aber Walla schoß ein bißchen ungenau, in der Not auch nicht ganz unverständlich, und der Ball trudelte langsam, ganz langsam zwei Meter am graziös knienden Theo vorbei ins Tor.

Hinterher meinte Walla, der Theo hätte nur Schau machen wollen wegen der Weiber hinter seinem Kasten, aber das stritt der energisch ab.

Theo spielte zwölf Jahre für Blau-Weiß, hatte nie den Verein gewechselt, dafür gab es auch keine Möglichkeit. Auswärts ging

schlecht, weil Theo schon immer, wie die meisten bei Blau-Weiß, auf Zeche Monopol arbeitete, und zum Ortsrivalen SV wäre er nie gegangen, da spielten die Bürgerlichen, Papas dickes Geschäft auf der Bahnhofstraße oder so, die fühlten sich als was Besseres, das wäre Verrat gewesen.
Gegen den SV hat Theo seine besten Spiele geliefert, da war immer was los, eine Stunde vor dem Spiel drängten sich schon die Zuschauer, und die Sanitäter kamen mit doppelter Menge Verbandszeug.
Wenn du nun Theo auf Bestechung ansprichst, kann sein, es kommt folgende Geschichte:
In einer Saison, die Bundesrepublik war gerade Weltmeister, stand der SV einmal ganz schlecht, zwei Spiele nur noch, eins davon gegen Blau-Weiß und noch immer zweitletzter Tabellenplatz. Da, am Freitag vor dem Spiel, Theo war gerade oben bei seinen Tauben, hörte er Stimmen im Garten, guckte kurz durch die Dachluke, da sieht er, wie der Fußballobmann vom SV bei seiner Mutter gerade nach ihm fragt. Theo läuft runter, kann sich das nicht recht erklären und trifft ihn im Wohnzimmer seiner Eltern, da hatte seine Mutter ihn hingeführt. Der fängt gleich ganz wichtig an, sagt: »Du, Theo, du hast doch ein paar gute Tauben, auch wenn sie in letzter Zeit nichts mehr geholt haben, aber das liegt vielleicht am Futter. Wenn es dir am Sonntag gegen uns auf zwei, drei Abwehrfehler nicht ankommt, kann ich dir zwei Sack bestes Taubenfutter besorgen, und für euch kommt es doch nicht mehr drauf an.«
Theo fragt sofort, wo das Zeug ist. »Draußen im Wagen.« Das will er sich ansehen, die beiden gehen vor die Tür. Theo faßt in einen der beiden Säcke, holt eine Handvoll raus, tatsächlich bestes Taubenfutter, das sieht er als Kenner sofort. Die vom SV haben eben Geld. »Ist gut, die Sache geht klar, laß die Säcke gleich hier«, aber das wollte der vom SV auch nicht, erst nach dem Spiel, doch als Theo darauf mit den Schultern zuckt, hilft der sogar noch beim Reintragen.
Am Sonntag steigt dann das große Spiel, der Platz wie immer gerammelt voll, bei Blau-Weiß keiner mit Fahne, das war Ehrensache gegen den SV.
Schon ziemlich früh, so in der zehnten Minute, zieht Schimmel Koslowski einen von zwanzig Metern ab, der genau in den Winkel paßt. Schimmel Koslowski war Linksaußen bei Blau-Weiß, der Beste im Sturm, hat später sogar ein Jahr bei Borussia in der Oberliga gespielt. Bei Halbzeit stand es noch immer eins zu null gegen die Bürgerlichen. Nach der Pause, so zwanzig Minuten gespielt, Blau-Weiß jetzt gegen die Sonne, kommt eine hohe Flanke vor Theos Kasten, Walla Schmidt verschätzt sich, springt

zu früh ab, als der Ball kommt, kann er nur noch mit der Hand klären. Elfmeter! »Jetzt ist es soweit«, denken die vom SV.
Nun spielte damals bei denen der kleine Heini Schuster, vor dem hatte man sogar bei Blau-Weiß Respekt wegen seiner guten Technik, aber noch mehr, weil er die besten Elfmeter schoß in der gesamten Liga, und das hatte seinen Grund. Heini Schuster schielte nämlich, daß einem selber die Tränen kamen, wenn man in seine Augen sah, beim Elfmeter aber war das ein Vorteil, denn Heini konnte in aller Ruhe die Ecke anpeilen, in die er den Elfer setzen wollte, ohne daß der Torwart auch nur ahnen konnte, wohin Heini gerade schaute. Der legt sich jetzt den Ball zurecht, nimmt Anlauf, Theo versucht verzweifelt, die Ecke ausfindig zu machen, die Heini anvisiert, aber der schielt wie ein Teufel, da winkt Schimmel Koslowski von weitem: linke Ecke. Der Schiedsrichter pfeift, Theo fliegt nach links und begräbt den Ball unter sich. Tosender Beifall von der einen Seite, da stehen die Anhänger von Blau-Weiß, Pfiffe von der anderen. So war es dann beim eins zu null für Blau-Weiß geblieben.
Eine Woche später haben die vom SV, und Theo wundert sich darüber noch immer, dann aber doch die nötigen Punkte geholt, Auswärtssieg beim BV Lerche, bei Halbzeit hatten sie noch zwei zu null im Rückstand gelegen, weiß der Teufel, wie die das gemacht haben. Gegen Blau-Weiß haben sie jedenfalls nichts geholt, darauf ist Theo noch heute stolz.
»Hast du eigentlich die Säcke zurückgegeben, Theo?« Der lacht.
»Die Säcke ja, davon hatte ich genug, aber Taubenfutter nicht. Die vom SV sollen nicht denken, sie können mit ihrem Geld alles haben und die Ehre von Blau-Weiß schon gar nicht.«
Ach ja, und Theos Tauben waren vierzehn Tage später bei einem Wettflug wieder Extraklasse.
Paar Jahre später, gerade die Saison, in der Schimmel Koslowski bei Borussia spielte, da stand es mal ziemlich schlecht um Blau-Weiß. Theo hatte einen Knöchelbruch, mußte ein paar Wochen zusehen, da kam auch noch der Streik auf dem Pütt, bei dem waren die meisten von Blau-Weiß in vorderster Linie und dachten natürlich an was anderes als an Fußball. So stand einen Spieltag vor Schluß Blau-Weiß ausgerechnet mit dem SV punktgleich auf dem zweitletzten Tabellenplatz, einer mußte absteigen, das war klar. Beide hatten noch ein Auswärtsspiel, Blau-Weiß ausgerechnet bei Hövel, die waren in jener Saison gerade sehr gut.
Nach dem Training am Donnerstag war keiner so recht zuversichtlich. »Du, Theo«, sagte Walla Schmidt, »wir müssen was tun, sonst geht das schief.« »Ich glaub', ich fahr mal nach Hövel«,

meinte Theo, »der Torwart ist ein Vetter von mir, mal sehen, was sich machen läßt.«
Am Freitag fuhr Theo dann mit seinem neuen Motorrad, einer BMW, ganz schwere Maschine, zu seinem Vetter Ötte, der stand gerade vor der Tür. »Tolle Maschine hast du da«, meinte Ötte, »wieviel fährt die?« »Hundertzehn«, sagte Theo und weiter: »Du, Ötte, ich komm wegen Sonntag.« »Du brauchst gar nichts mehr zu sagen, ich weiß schon, aber du kommst zu spät. Die vom SV waren schon hier, haben eine schöne Stange Geld geboten, wenn wir gewinnen, soviel könnt ihr gar nicht blechen. Die Mannschaft will das Geld haben, wir haben sogar schon Sondertraining gehabt.«
Theo war sauer. Die vom SV waren ihm zuvorgekommen, da war nichts mehr zu machen, sie mußten es eben so versuchen.
Am Sonntag dann im Spiel legte Hövel auch los wie die Feuerwehr, für die mußte es um einen gehörigen Batzen Geld gehen, so scharf waren die. Nach einer Viertelstunde ging Hövel dann auch in Führung, Schuß aus kurzer Entfernung ins Eck, da gab es für Theo nichts zu halten. Blau-Weiß versuchte nun auf Biegen und Brechen den Ausgleich, aber Hövel kämpfte verbissen, und Ötte faustete und hechtete nach dem Ball, was das Zeug hielt. In der Halbzeit war die Stimmung bei Blau-Weiß mies, auch Theo hatte wenig Hoffnung.
Als sie wieder das Spielfeld betraten, ging Theo wie zufällig neben Ötte. »Du, Ötte, du hast doch am Freitag meine BMW gesehen, willst du die nicht haben?«
Ötte ging, ohne was zu sagen, in seinen Kasten, aber schon fünf Minuten später unterlief ihm ein Mißgeschick, Flanke verpaßt, Kopfball von Heiner Klodt und Ausgleich für Blau-Weiß. Kurz vor Schluß noch ein Mißgeschick, Schuß von Heiner Klodt, Ötte kann den Ball, der war aber auch durch den Nieselregen ziemlich glitschig, nicht festhalten, zwei zu eins für Blau-Weiß.
Am Montag stand was von einem überraschenden, aber nicht unverdienten Sieg in der Zeitung, der den Abstieg verhinderte, begünstigt durch zwei Torwartfehler des ansonsten prächtig haltenden Ötte Vogelsang. Der war noch am Montag mittag gekommen und hatte die BMW abgeholt.
Zwei Jahre mußte Theo sparen, um sich eine neue zu kaufen, die hätte er, da ist er ehrlich, nie eingesetzt, wenn es nicht, ja wenn es nicht gerade gegen die vom SV gegangen wäre, und da ist ihm nichts zu schade.
Ja, der Theo erzählt schon gern alte Geschichten, und vor allem dann, wenn er im Nordentor an der Theke steht, und besonders, wenn du ihm mit dem SV kommst, das hat bei Theo noch immer gezogen.

Ulrich Birkner/Peter Fischbach

Zwischenschicht

Carla trug ihren Brotbeutel wie einen Blumenstrauß. Sie wippte vorsorglich leicht erregend ihre Hüftchen, so daß ihre Brüstchen unter dem grellgelben Pulli herzlich hüpften, und rief: »Hallo Liebster, wie war die Spätschicht...?« Ich sagte: »Ääähh ... Bääähhh ... und wie wird deine Nachtschicht...?«
Carla stupste ihr Näschen zärtlich gegen meine Hakennase und massierte girrend meine Schulterblätter. Ich sagte: »Daß wir uns immer nur hier treffen können. An der einsamen Bedarfshaltestelle. Ist das ein Eheleben? Ich Spätschicht... Du Nachtschicht ... Ich Nachtschicht, du Frühschicht. Ich Frühschicht, du Spätschicht ... und hier an der Bedarfshaltestelle die Zwischenschichten.«
»Sei nicht so sarkastisch«, meinte Carla. »Das sind Opfer, die wir dem Wirtschaftswunder schuldig sind.« Sie zog mich in die Brambüsche. Die blaugelb gestreifte Luftmatratze lag unter Reisig und Ranken. Carla schielte den Mond an und entledigte sich ihres Pullis. Ihr Anblick zerrte an meinen Nerven. Ich kitzelte ihre murkeligen Haarbüschel unter den Achseln. So ein Fleisch, so eine Figur. Meine Gattin, diese glatte, gesunde...
»Schläft Bübchen schon«, fragte ich. »Ja«, sagte sie. »Unser Bübchen soll es mal besser haben.«
Ich prüfte ihren Körper. Es war noch alles wie gestern. Nichts fehlte... »Ich bin noch nicht soweit«, sagte Carla. »Was für eine Mutter«, dachte ich. »So schön, so schlank, so bereitwillig. Bübchen schläft schon. Bübchen soll es mal besser haben. Bübchen hat eine brave Mutter.«
Carlas Lippen waren sinnlich, süß wie Zucker und feucht wie Milch. Carla seufzte: »Die Miete wird wieder erhöht.« Ich nuschelte: »Immer Ärger in der Schicht... will keine Überstunden schieben. Chef ist düpiert, der Wirtschaftsschäker.«
Sie kniff mir in die Ohrlappen und setzte ihr duftendes Fäustchen sanft unter mein Kinn. »Wehe, du Rauhbein. Ich brauche dich unter den Brambüschen...«
Die Matratze tat gut. Wir schaukelten in ein kurzes, platonisches Glück. Meine Hände gruben Primeln aus. Ich wurde in Carlas Armen müde. Der laue Nachtwind kitzelte sanft meine Gefühle.
»Bübchen braucht eine neue Hose«, sagte Carla.
»Sei ruhig«, sagte ich. »Still jetzt... ganz still. Konzentriere dich auf die Sache.«

Sie nahm mich fester in die Arme. Ich versteckte meine scharfe Nase zwischen ihren wundersamen Brustbällchen. Carla seufzte: »Sie haben die Akkordzahl erhöht, 300 Gläser mehr spülen. Morgen früh bin ich genagelt ... laß mich dann ja in Frieden.«
»Still jetzt, ruhig, Carla«, sagte ich. »Konzentriere dich ausschließlich auf die Sache.« Sie schnupfte. Ihre Fingernägel kreisten beruhigend über meinen Rücken. Sie teilte die Haare auf meinem Haupt und wartete auf mich. Langsam nickte ich ein. Sie spürte es und kramte all ihre Zärtlichkeit aus ihrer Seele.
»Möchtest du ein Ei, Liebster?«
Ich erschrak. Wie peinlich! –
»Ja«, sagte ich. »Ja, bitte!«
Carla zauberte aus ihrem Beutel eine Dose Makrelen und ein weichgekochtes Ei hervor.
»Iiiiieeh, wie weich«, sagte ich.
»Damit es schneller wirkt«, sagte sie. Dann nahm sie eine Gabel und meinen Kopf in ihre hohlen Hände und fütterte mich.
»Noch ein Häppchen. Eins für Carla, eins für Bübchen und eins für Vati, damit mein Vati wieder stark wird. Vergiß nicht, morgen ist Mangeltag. Nur die Bettwäsche und nicht den BH durch die Quetsche jagen. Noch ein Häppchen und dann einen oberflächlichen Zungenkuß zwecks Reinigung deiner Lippen.«
»Was für eine tolle Mutter«, dachte ich. »Nackt auf der Luftmatratze unter den Brambüschen an der einsamen Bedarfshaltestelle. Die glatte Haut wie ein Spiegel vom Mondlicht beschienen. Meine Primeln in ihrem Haar. Erdkrumen auf dem Popo. Bübchen hat eine phantastische Mutter...«
Die Ölsardinen taten gut. Das Ei tat schnell mehr. Ich wurde wieder kräftig und keß. Meine Augen lebhaft, meine Hände lebhafter. Meine Lippen platschten auf ihre Lippen, meine Zunge rührte, raufte mit ihrer Zunge. Ich vergaß den Mond über uns, die Schicht in der Fabrik, meinen Chef, den Wirtschaftsschäker, die Kaninchen unter dem Reisig zu meinen Füßen. Ich sah nur noch Carla, mein glattes, gesundes Wunder. Und plötzlich sah ich so etwas wie Spiralnebel vor meinen Augen. Carlas Atem näßte meine Koteletten. Wir schickten uns an, aus der absoluten, goldenen Schale des Glücks zu saufen, als eine Stimme, eine hochnäsige, gebildete, mathematisch geschulte Stimme hinter uns rief: »Da sind Sie ja, Sie vergnügungssüchtiger Gammler. Ich werde Ihnen die Luft aus der Matratze lassen. Für das da sind Sie wach genug, für Überstunden zu müde...«
»Ja«, sagte ich. »Das da muß auch mal sein.«

»Kommen Sie«, sagte er. »Wir wollen meiner Konkurrenz die Luft abwürgen. Das macht Spaß. Es gibt heißen Kaffee in den Pausen und Tabletten gegen Kalkmangel. Wir sind ein sozialer Betrieb!«
Carla aber wurde zur Glucke und dachte an Bübchen: »Sozial... – für das da sind Sie nicht sozial. Dafür müssen wir in den Untergrund gehen. Ich Nachtschicht, er Spätschicht. Ich Frühschicht, er Nachtschicht ... und hier über dem Unkraut die Zwischenschichten. Im Betrieb ist Geschlechtsverkehr ja verboten!«
Der Chef sah Carlas funkelnde Augen. Carla, meine glatte, gesunde und starke Frau. Ich spürte ihre Stärke auf mich übergreifen und bog unter Schmerzen mein Rückgrat gerade.
»Bübchen soll es mal besser haben«, sagte ich.
»Bübchen ... Bübchen ... Von Ihnen höre ich immer nur Bübchen, halten Sie sich einen Hund. Den dürfen Sie dann hinter der Kantine anbinden und in den Pausen streicheln. Wir sind ein sozialer Betrieb.«
»Sie verdammter kapitaler Geldkloß!« Carla keifte: »Wir brauchen keinen Hund. Wir brauchen einen Kindergarten!«
»Hunde sind billiger«, sagte er schnell.
»Kindergärten sind sozialer«, sagte Carla und glühte.
»Aber Carla...?« Er staunte. »Aber Carla ... weshalb werden Sie denn plötzlich rot ... radikal ... Sie sind doch ein reifes Mädchen.«
»Kindergarten!« schrie Carla lüstern. »Einen Betriebskindergarten!«
Das traf ihn wie ein Tritt, und er korrigierte seine Taktik: »Huch«, sagte er. »Gnädige Frau, entschuldigen Sie die Störung, jetzt sehe ich erst, wie nackt Sie sind. Der Arbeitsmensch ist doch eine Fehlkonstruktion der Natur. Nach meinen Erwartungen dürfte die sexuelle Reife erst im Rentenalter eintreten.« Und er führte seine schlanken Hände an den Hosenbund, streifte seine Brust mit Atemzügen und fuhr fort: »Doch da ich nun einmal hier bin, akzeptieren Sie mich als Sozialpartner und laden mich ein zum Gruppensex...«
Schon hoben sich seine Arme wie Eulenflügel, und seine Jacke sauste ins Unterholz. Mit brennenden Augen peilte er Carla auf den zart vernarbten Kaiserschnitt. Da wachten wir endlich endgültig auf, enteigneten dem Kerl Jacke und Hose und schickten ihn unter die blinzelnden Straßenlaternen ... wo er wenig später einer Polizeistreife in die Hände fiel, die ihn zum Exhibitionisten erklärte.

Johann Reiners

Wettfimmel

»Oma Freese«, sach ich, un das mit soviel Herz als man möglich is, darum, weil sie ja meinen alleinstehenden Haushalt versorgt. (Da muß'n schon ein büschen umzu sein um ihr, damit, daß sie man wieder kommt.)
»Oma Freese«, sach ich, »wissen Sie, was ein sogenannter Wettfimmel ist? Ja, ich mein, wenn einer egaleweg was zum Wetten sucht, partout!«
»Jan«, sacht sie un funkelt all mit ihre Augen, »meinst du mir damit? Denn hast dich aber versehn! Damit kannst bei mir kein'n Blumentopf gewinn'n.«
»Nein, nein, Oma Freese, wie sollt ich wohl! Ich will Ihnen ja man bloß von Direktor Kraus erzählen. Das war so einer, mit'n Wettfimmel.«
Einer von den seinen alten Arbeitern, Hinrich Puvogel, hat sich an ihn rangemacht, als der Herr Kraus seinen Betrieb inspizieren wollt. Hinrich sachte dann so diskret as es man geht zu sein'm Chef: »Herr Direktor«, sachte er, »Sie ham' dja ein großes Loch inner Unterhose.«
Der Direktor lacht und streitet das ab. Aber was Hinnerk is, der Tunegel, der läßt nich locker und sacht: »Wetten, Herr Direktor, daß's stimmt?«
Hat doch der Direx gleich darauf reingehau'n und sacht: »Um hunnert Mark un das auf'r Stell bar auf'n Tisch!«
Beide gaben sich die Hände, damit das auch rechtskräftig is. Soweit, so gut. Aber nu der Beweis: Ist die Unnerbüx heil oder hat se 'n Loch?
»Hinrich«, sacht der Direktor, »so, nu geh mit in mein Büro, denn woll'n wir das gleich mal eben aufklären.«
Hinrich bewunnert seinen Chef inner Unterhose von vorn un achtern, aber ein Loch – nein, die Büx is heil. Daran war ganz un gar nich zu zweifeln.
Sacht der Direx: »Tut dir das denn nich'n büschen leid, Hinnerk, hunnert Mark?«
Sacht Hinnerk: »Och, woher, Herr Direktor«, sacht er, »ich hab doch vorher mit Ihrer Sekretärin um 200 Mark gewettet, daß ich Sie inner Unnerbüx zu sehn kriech.«

Johann Reiners

Der berühmte Rollgriff

Eine volle Kiste Zigarren mit einem Griff zu leeren, dazu braucht man eine Riesenpranke. Mutz, der Betriebsrat der Hütte am Meer, hatte sie.
Mit einer spontanen Arbeitsniederlegung hatte die Belegschaft der Hütte neue Lohnverhandlungen erzwungen. In einer Verhandlungspause stand Mutz im offenen Fenster und paffte genießerisch den Rauch einer schweren Direktionszigarre in den blauen Septemberhimmel. Vor dem Fenster hatte sich eine dicht gedrängt stehende Masse Streikender versammelt. Kein anderer als Mutz hätte sich so provozierend benehmen dürfen.
Sie kennen ihren Betriebsrat zur Genüge und wissen, daß er sie nur spaßeshalber herausfordert. »Mutz, laß mal riechen!« ruft einer der Streikenden.
Nicht weit entfernt steht lächelnd Kollege Moktwi. Als Mutz ihn entdeckt, langt Mutz rückwärts, zeigt allen die geangelte Zigarre und ruft: »Moktwi, paß auf, diese ist für dich!« In hohem Bogen fliegt ihm die Zigarre richtig zu. »Den guten Stengel hat Moktwi ehrlich verdient. Noch einer von euch, der glaubt, daß 'ne gute Zigarre nicht schaden kann?« ruft Mutz laut aus dem Fenster.
Viele Hände recken sich, und die Zigarrenkiste ist schnell leer. Überall in der Menge steigen Rauchwolken auf; genießerisch saugt man an den Glimmstengeln und pafft dem Nachbar den Rauch der kostbaren Direktionszigarren in die Nase: »Mann, welch ein Tabak!« – Mutz ist der Held des Tages.
Nicht zum ersten Mal hat Mutz in die Kiste der Direktion gegriffen: Bei Sitzungen nimmt er stets die übrig gebliebenen Zigarren mit seinem in der Belegschaft bekannt gewordenen »Rollgriff« an sich: Den Daumen schiebt er unter die tiefe Zigarrenschicht, die Riesenpranke darüber hinweg. So gelingt es ihm, eine volle Zigarrenkiste mit einem Griff zu leeren. »Für meine Kollegen, versteht sich!« sagte er zu den säuerlich lächelnden Direktoren.

(Aus der Erzählung: »Das Faustpfand der Streikenden«)

Johann Reiners

Die billigen Salmiakpastillen

»Oma Freese«, sag ich zu ihr, die ja bei mir ... och, daß wißt ihr ja schon längst! »Oma Freese«, sag ich, »mögen Sie auch gern Salmiakpastill'n?«
Sagt sie, »Was, die ollen, schwarzen Lakritzen?« sagt sie, »Nee, Jan«, sagt sie, »die Schietdinger steck dir man an'n Hut!«
»Nee«, sag ich, »Oma Freese, kann'n doch nich an'n Hut stekken, Salmiakpastillen!«
Sagt sie: »Mein ich doch man bloß symbolisch, nich!«
»Wenn die Lakritzen auch billig sind, Oma Freese«, sag ich, »sollten Sie die dennoch nicht so wegwerfen, mein ich. Sind ganz gut für'n Hals. Ich mach die wohl.
Und was der Martin Stehmeyer ist, der auf der AG Weser inner Dreherei arbeitet, der ist da ja ganz vernarrt in, kauft sich die lütjen pickschwarzen Dinger gleich pfundweise. Steht jümmer ne Tüte davon bei seiner Drehbank. Da hab'n wir uns denn ja auch bedient, is ja klar, nich? Kollege Martin Stehmeyer war ja auch nicht so. War 'n feinen ruhigen Minschen, unser Kollege Martin.
Bloß wenn der Kalkulator, Herr Finkenau, an die Salmiaktüten da ranging, das konnte Martin denn doch nich verknusen. Jümmer wieder den Akkord knapsen, knapsen und denn noch Salmiak? Nee, soll er sich selben welchen kaufen.
Hab ich mich auch bannich gewunnert, wie gestern morgen Martin den Kalkulator noch fründlich zunickte, als der, so frech, wie der ist, gleich zweimal in die Tüte langte. Herr Finkenau kaute und kaute und war scheins nicht recht zufrieden mit den Salmiaks, sagte: ›Martin, was ist damit, mit Ihr'n Salmiaks? Die schmecken heute ja nach garnix!‹
›Och‹, sagt Martin, ›Herr Finkenau, was soll da wohl mit sein. Machen Sie die man ordentlich naß in'n Mund, un denn kauen, Herr Finkenau, kauen!‹
Nützte aber doch wohl nicht viel. Nach 'ner Zeit quarkte er von neuem: ›Nee, Martin, is'n wunnerliches Zeug, Ihre Salmiakpastill'n!‹
Sagt Martin verwunnert: ›Tscha, wo soll das denn wohl an liegen? – Kann ich mir gar nich denken, was da wohl mit is! – Hab mir doch soviel Müh' damit gemacht! Hab sie noch selber zugeschnitten, Stück um Stück, da, wo Sie auf steh'n tun, Herr Finkenau, aus der Gummimatten!‹«
Sagt Oma Freese: »Au, Jan«, sagt sie, »au, au, au!!!«

Herbert Friedmann

So fest wie eine Eiche

Diese Episode begab sich im Jahre 72 am Rande der großen Politik. Der Barzel hatte sich gerade verpurzelt. Überall im Lande war viel Volk in Bewegung. Willy muß bleiben, hallte ein Ruf wie Donnerhall durch alle deutschen Gaue.
Einer von den vielen, die da mithalfen, war der Lastkraftwagenfahrer Jürgen, sozialdemokratisch getauft und an sozialdemokratischen Brüsten genährt.
Auf gehts, sagte er früh morgens zu seinen Kollegen, als der Barzel dem Wählervolk mißtraute. Auf gehts, wir marschieren zum Rathaus und demonstrieren für Willy. Männer, rief der Boß verzweifelt seinen Arbeitern hinterher, Männer, so geht es nun wirklich nicht. Aber das hörte keiner, und als sie am späten Nachmittag in die Fabrik zurückkehrten, waren sie voll Stolz und Vertrauen in die eigene Kraft, denn Willy war geblieben, wie heute jedes Kind weiß. Das Friedenstäubchen vom Rhein war auch sehr stolz auf sein Wahlvolk und ließ im ganzen Land verkünden – im Herbst wird neu gewählt.
Richtig, sagte daraufhin Jürgen, jetzt geben wir dem Meßdiener den Rest. Und schon am nächsten Tag hing links, wo sein Herz schlägt, ein schöner runder Ansteckknopf mit der unmißverständlichen Aufforderung: Willy wählen. Und Jürgen hatte sich gleich ein paar mehr im Parteibüro geben lassen und verkaufte sie emsig an die Kollegen.
Der Boß sah die Dinger gar nicht gern, aber die Konjunktur schlug gerade mal hohe Wellen, und da wollte er seinen Profit nicht durch einen Streik gefährden. Im übrigen finanzierte er fleißig Anzeigen, getarnt hinter anonymen Arbeitskreisen für die Erhaltung einer freien und sozialen Marktwirtschaft.
Jürgen legte den Ansteckknopf nicht mehr ab. Sicher trägt er das Ding auch des Nachts am Schlafanzug, uzten die paar christlichen Feigenblätter im Betrieb.
Jürgen steuerte voller Zuversicht seinen 30 Tonner Diesel kreuz und quer durch die BRD, beladen mit den Waren, die seine Kollegen täglich im Akkord produzieren.
Eines Mittwochs, beinahe am Ende seiner Tagestour, lenkte er seinen Brummi in den Fabrikhof einer Firma im bayerischen. Der Pförtner wies ihm den Weg zum Wareneingang. Lassen Sie das ja nicht unseren Boß sehen. Der ist nicht gut auf die Sozis zu sprechen, wurde Jürgen vom Leiter des Wareneingangs gewarnt.

Jürgen grinste.
In diesem Augenblick kam ein kleines, dickliches Männlein eilfertig in das Büro gestürmt. Na endlich beliefert uns die Firma Mai, strahlte er energiegeladen und hemdsärmelig, als wolle er nun persönlich den LKW ausladen. Der Boß, raunte der Warner von vorhin Jürgen zu. In diesem glückseligen Moment fiel des Bosses scharfes Auge auf Jürgens linke Seite, da wo nun mal sein Herz schlägt: WILLY WÄHLEN!
Die gerade noch strahlende Visage des Chefs versteinerte sich. Der von Haaren freie Teil seines Schädels färbte sich rot. Sie, mühte er sich in ruhigem Ton, Sie, und sein rechter Zeigefinger trommelte auf den nächstgelegenen Schreibtisch, Sie, und es war, als würde er nach Worten suchen, die ihm nicht gleich eine Beleidigungsklage an den Hals hängen würden. Er schlug nun mit der Faust auf den Tisch, und offenbar hatte er nun die rechten, sich für einen Christenmenschen geziemenden Worte gefunden, Sie, augenblicklich nehmen Sie das Ding von Ihrer Brust. Innerhalb meines Betriebes dulde ich dergleichen nicht.
Äußerlich zeigte Jürgen keinerlei Regungen, aber innerlich frohlockte er. Solche Typen verzehrte er mit größtem Appetit. Wenn Sie mit dem Ding meinen Ansteckknopf da meinen ... der bleibt dran, lautete die lakonische und eindeutige Antwort.
Da ist was im Gange, lief es wie ein australisches Buschfeuer durch den Betrieb. Aus dem Lager hatten sich schon viele herbeigewagt und lauschten gespannt vor dem Büro des Wareneingangleiters, wie sich die Sache entwickeln würde.
Der Boß wiederholte die gleiche Aufforderung nochmals, aber wesentlich lauter. Es klang wie, beim drittenmal wird geschossen.
Der Knopf bleibt, war wieder Jürgens Antwort ohne erkennbare Erregung.
Sie Früchtchen, brüllte der Boß. Auch auf dem Teil des Kopfes, wo noch Haare waren, schimmerte es nun rot durch. Ich bin schon mit ganz anderen fertig geworden.
Dasselbe dachte Jürgen auch, aber er dachte auch an seinen Feierabend, denn sein LKW stand immer noch beladen draußen vor der Rampe. Ich will pünktlich zu Hause sein, erinnerte er den Boß an den eigentlichen Grund seines Hierseins, wäre schön, wenn endlich abgeladen würde.
Nein, Sie, erst kommt das Ding ab.
Gut, wenn Sie darauf bestehen.
Der Boß frohlockte.
Jürgen ging wortlos zur Tür hinaus, verfolgt von den zustimmenden Blicken der Kollegen und setzte sich in das Führerhaus, ließ

den Motor an, legte den Gang ein und wendete.
Es dauerte eine Weile, bis der Boß begriffen hatte. Schnaubend rannte er dem davonfahrenden Jürgen hinterher. Halt, halt. Jürgen ließ ihn herankommen. Der Boß tippelte nun in Höhe des Führerhauses, begleitet unter dem allgemeinen Gelächter seiner Mitarbeiter.
Kommen Sie zurück. Sind Sie denn verrückt? Der Boß hob flehend die Hände gegen den Himmel.
Jürgen wendete wieder. Und kurz darauf stand er erneut im Büro. Derweil telefonierte der Boß mit seinem Kollegen Boß.
Bei dem beißen Sie auf Granit, meinte der. Der verteidigt Willy und die Ostverträge wie andere nicht mal ihre eigene Frau verteidigen würden. Wenn Sie die Ware heute noch haben wollen, müssen Sie schon klein beigeben.
Der LKW wurde abgeladen. Jürgen stand fest wie eine Eiche draußen auf der Rampe und rauchte vergnügt eine Zigarette.
Verstohlen kamen welche zu ihm und schlugen ihm anerkennend auf die Schulter.

Wolfgang Pietsch

Ja, der Kollege Felix!

Wenn ich an den Kollegen Felix denke, meine ich, solche sollte es noch mehr geben. Ein ganz trockener, nüchterner Typ, dem man es nicht ansah, mit welch schelmenhaften Gedanken er sich befaßte. Oh, oh, man mußte sich schon vorsehen, auf der Hut sein vor dem Kollegen Felix. Es dauerte auch meist sehr lange für den, der sich mit Felix einließ, um zu verstehen, was Felix eigentlich wollte.

1.
Eine komplizierte Arbeit war hereingekommen. Der Abteilungsleiter nahm die Sache selbst in die Hand, von der Einstellung eingenommen: Das kann nur ich, und ich werde denen schon zeigen, wie das gemacht wird. Felix ist an der Nebenmaschine beschäftigt und legt in einem Moment eine riesengroße Mutter vor die Maschine des Abteilungsleiters. Schreit: Halt! Hier ist etwas abgegangen. Der sehr arg beschäftigte Abteilungsleiter kommt, sieht die hingelegte Mutter vor seiner Maschine und stellt diese sofort ab. Beide suchen und suchen und finden natürlich nicht das Gewinde, von der die Mutter abgegan-

KURO

gen sein konnte. Also wird der Monteur bestellt, der am nächsten Tag schon eintrifft und feststellt, daß die Mutter gar nicht zu der Maschine gehört. Aber Felix hatte sie gefunden und bestand darauf.

2.

Kollege Schmidt, der einzige Kalkulator der Firma, hatte Geburtstag. Und diesen Tag gestaltete die Chefin zu einer großen Feier. Kollege Schmidt war Angestellter. Und deshalb wurden zu dieser Feier auch nur Angestellte eingeladen. Alles dies während der Arbeitszeit. Die Maschinen liefen weiterhin. Und die da oben feierten. Auch der Betriebsratsvorsitzende war dazu eingeladen worden. Wie es eben so üblich ist. In einer Betriebsversammlung hatte ich dann die Sache angesprochen. Daß es so nicht gehe. Entweder feiern alle oder keiner. Auch ein Betriebsratsvorsitzender kann sich nicht vollaufen lassen und mitfeiern, während die andern arbeiten müssen. So gehts nicht. Wir aus dem Maschinensaal überlegten schon, ob wir nicht alle, auf unsere Weise, mitfeiern sollten, als Kollege Felix plötzlich meinte, wir lassen einfach unsere Maschinen stehen. Besoffen sind die da oben sowieso schon. Bilden einen Chor, studieren etwas ein und gehen hoch zu dem Haufen. Wir wollen mitfeiern!

Und wir haben etwas einstudiert. Die alte Schnulze vom Sanitätsgefreiten Neumann. Hoch, er lebe hoch, der Sanitätsgefreite Neumann. Blödsinn dies alles. Aber Blödsinn gegen Blödsinn. Und das war der Sinn der Sache. Wir sangen es da oben heraus aus vollen Lungen. Sangen, nein brüllten es vor den etablierten Gestalten eines Betriebes, den Betriebsratsvorsitzenden miteinbegriffen. Vor allen, die uns nicht eingeladen hatten, weil es ja eine Sache der Angestellten war. Wir sangen das Lied vom Sanitätsgefreiten Neumann mit einer dafür selbstgemachten Strophe. Und es kam an. Jubelnd wurden wir nach diesem Lied beklatscht. Besoffen waren die da oben. Sonst hätte man uns nicht noch eingeladen, mitzutrinken und mitzufeiern. Als alles vorbei war, die Maschinen kamen sowieso nicht mehr zum Laufen, meinte Felix zu uns: Habe ich es nicht gesagt? Wir hätten auch »Die Fahne hoch« oder »Deutschland, Deutschland über alles« singen können. Das wäre auch angekommen.

3.

Es war gar nicht so einfach, wenn nicht unmöglich, unbeobachtet, unkontrolliert in den Betrieb hineinzukommen. Ringsum hohe Gitter, an jedem Tor und an jeder Tür ausweisverlangende Pförtner, die ihr Amt sehr wichtig nahmen. Die scheinbar

vergessen hatten, wer sie selbst einmal waren. Diese Kontrolleure oder Bulldoggen, wie Felix sie einmal nannte, konnte er nicht ausstehen. Es paßte ihm einfach nicht, ständig seinen Ausweis vorzeigen zu müssen, wenn er an der Pforte vorbeimußte, um in den Betrieb zu kommen. Der Pförtner kannte ihn doch.
Erwähnen möchte ich noch, daß eines Tages ein Schreiben am Schwarzen Brett hing. Jeder, der zu spät kam, muß sich bei der Chefin persönlich entschuldigen.
Es mußte dies und noch anderes gewesen sein, was den Kollegen Felix dazu veranlaßte, auch einmal später an seinem Arbeitsplatz anzukommen, als es die vorgeschriebene Zeit verlangte. Man muß sich den Kollegen vorstellen. Ein Mann, dem vieles nicht paßte in dieser Verschrobenheit betrieblicher Gesetze. Er vielleicht wie ein Schulbube stehend vor der Chefin und seine Entschuldigung hinmurmelnd? – Nein, das konnte er nicht. Diesen blöden, innerbetrieblichen Gesetzen konnte er sich nicht fügen.
Kollege Felix kam durch alle Sperren hindurch. Schlich sich durch die einzelnen Abteilungen, und schon lag er unter seiner Maschine.
Der Abteilungsleiter war sehr genau. Es war ja sein Geld, für das er tat, was ihm noch mehr einbringen sollte. Als Mitangehöriger der Gesellschaft.
Felix lag also unter seiner Maschine, als ihn der Abteilungsleiter entdeckte. Man muß sich dies vorstellen. Nachdem Felix eine Umzäunung überklettert hatte, über den großen Hof lief, sich überall versteckend, damit ihn nur keiner sah, in die Garderobe gelangte, die im Keller lag, die Treppen hochkam, sich um die einzelnen Abteilungen schlich, die alle in einem großen Saal gruppiert so angelegt waren, daß die Chefin alles übersehen konnte, kam er endlich, lauernd an den letzten Hindernissen verbleibend, um sofort loszurennen, wenn die Luft rein war, kam er endlich an seinen Arbeitsplatz. Legte seine Tasche an die gewohnte Stelle. Griff mit beiden Händen in das Öl, das rundum stets aus der Maschine lief, und wischte sich etwas davon ins Gesicht, über die Arme. Befleckte auch etwas seinen Anzug damit und legte sich spontan unter seine Maschine. So tuend, als sei etwas nicht in Ordnung.
Herr Felix! schrie der Abteilungsleiter, Herr Felix! Ich suche Sie schon die ganze Zeit. Was machen Sie denn da? Da kam Kollege Felix, ölverschmiert, schmutzig von den Bewegungen unter der Maschine, hervorgekrochen. Einen riesigen Schraubenschlüssel in der Hand, stellte er sich vor seinen Abteilungsleiter. Und er schwitzte. Ja, da war schon gestern etwas in den Zahn-

rädern. Und das hat mir keine Ruhe gelassen. Deshalb bin ich heute schon etwas früher gekommen, um den Schaden zu beheben.
Mann, meinte da der Abteilungsleiter, Sie sind ja gut. Und ich dachte schon, Sie wären zu spät gekommen.
Ja, so war der Kollege Felix.

Hilde Biondi

Der geile Chef

Der Chef war ein sehr geiler Kerl. Jedesmal, wenn ein Mädchen die steile Treppe ins Lager hinaufkletterte, blieb er unten stehen und beschaute der miniberockten Steigerin ihr Unterhöschen.
Einmal hatte eine Kollegin genug von der Gafferei, zog blitzschnell ihren Slip herunter und streckte ihm den Arsch hin: »So, jetzt sehen Sie alles in Natur. Aber da kommen Sie nie dran!«

Hilde Biondi

Der flinke Chef

Schorsch und Fritz bekommen den Auftrag, ein Eisengestell abzubauen. Sie arbeiten schon stundenlang am Gestell herum. Das Gestell steht nach wie vor da.
Der Chef kommt auf sie zu und flucht: »Da arbeiten zwei junge Burschen eine Ewigkeit an einem Gestell, das ich in zwei Minuten auseinandernehmen kann!«
»Das glaube ich aber nicht im Leben«, ruft der Schorsch. »Die Schrauben sind ja verrostet.«
Da nimmt der Chef den Schlüssel, seine Adern schwellen, sein Kopf wird rot, und in einigen Minuten ist das Gestell auseinander. »Ja«, sagt der Schorsch, »Sie können doch noch arbeiten.«

Horst Scharnagl

Ein Furz

Die Geschichte beginnt damit, daß Jo Frech nicht so dumm sein will wie Stiftekoppjürgen, den L-Willy Kleinschmidt, der Ausbilder, wegen 5 Minuten mal ganz schön fertiggemacht hat; ihn kriegt dieser Minutenfresser nicht so schnell, und vorsorglich steckt er sich gleich paar Werkzeugmarken ein, und deshalb kommt er dann auch nicht nur 5 Minuten, sondern gleich eine halbe Stunde später von der Mittagspause in die Werkstatt zurück und zieht ganz ruhig zwei-drei Stahlbohrer aus der Tasche, als ihn L-Willy Kleinschmidt am Ärmel packt und *Wo kommst du jetzt her, Kerl!* schreit, und er sagt darauf ganz ruhig, immer noch ganz Herr der Lage, Lodenmantelwilly kann ihm überhaupt nicht ... War im Lager, Meister.

Aber dann wird er doch ganz schön stutzig, als L-Willy ihn nicht losläßt, sondern noch fester zupackt, so fest, daß er Haut zwischen die Fingernägel kriegt, die er lustvoll dazwischen zerreibt, so daß es dem Jo Frech heiß und kalt wird bis in die Zehenspitzen hinein *Hast du auch noch die Frechheit, mir sowas zu sagen, Kerl!* schreit der Ausbilder, und während er das schreit, reißt er ganz fürchterlich an Jo Frechs Jacke, daß der sich vorkommt wie werweißwas, und ganz jämmerlich und immer schlechter wird's dem, als L-Willy noch lauter schreit *Am Klo warste, Scheißkerl! Hab dich gesehn, wie du rauf bist! 'ne geschlagene halbe Stunde braucht der Kerl zum Scheißen! 'ne geschlagene halbe Stunde!*

Und Jo Frech verliert den Boden unter den Füßen und spürt die Faust im Nacken *Hundertfünfzigmal schreibste ›Als Lehrling habe ich mich den Anweisungen des Herrn Lehrgesellen und des Herrn Ausbildungsleiters zu fügen, insbesondere habe ich die Pausenzeiten genauestens einzuhalten und meine Arbeit ohne Widerspruch aufzunehmen, wenn mir das von dem Herrn Lehrgesellen angetragen wird!‹ Oder es wird am Samstag angetreten! – Such dir's aus!* Und während er in fast waagerechter Haltung auf seinen Schraubstock zuschießt, wird er sich klar darüber, daß L-Willys VW am Samstagvormittag waschen immer noch besser ist, als diesen Schwachsinn hundertfünfzigmal zu schreiben. Und den Trick mit den Werkzeugmarken wird er doch nochmal stark überarbeiten müssen.

Aber eigentlich kann er sich gar nicht erklären, wieso ihn der Ausbilder überhaupt entdeckt hat, und offensichtlich hat da irgend so ein Radfahrer sich wiedermal 'nen goldenen Lenker verdienen wollen – und außerdem ist das eigentlich auch noch

gar nicht die Geschichte.
Eigentlich beginnt die Geschichte viel früher, nämlich damit, daß Stiftekoppjürgen bereits eine Viertelstunde, bevor's klingelt, von einer seltsamen Unruhe befallen wird, seitdem Lodenmantelwilly ihn sich kürzlich wegen der 5 Minuten mal anständig zur Brust genommen hat. Da kaut der Junge auf einmal sein Brot schneller, rutscht unruhig auf seinem Stuhl hin und her, rafft dann hastig seine Sachen zusammen, stürzt zum Schalter und schiebt noch hastiger, fast schon mit irre-fahrigen Bewegungen die leere Limoflasche über den Tresen, vergißt beinahe regelmäßig, das Pfandgeld einzustecken, und bekommt einen gewaltigen Schweißausbruch, wenn auch nur zwei, drei Leute vor ihm sind – und schließlich jagt er, nur um ja keine Minute zu spät in die Werkstatt zu kommen, wie blindwütig über den Fabrikhof. Lodenmantelwillys erstes Opfer. Das ist schon neurotisch. Das hat der schon verinnerlicht: *Wird gemacht, Herr Kleinschmidt! Aber sicher, Herr Kleinschmidt! Aber selbstverständlich, Herr Kleinschmidt, wird sofort erledigt!* – Oh, heiliger Masochismus, laß dir die Füße küssen!
Und jetzt hat's auch den Jo Frech erwischt, und es macht diesem Schleifer einen herrlichen Spaß, die Jungs kaltlächelnd ins offene Messer laufen zu lassen, und dagegen muß was getan werden, der Typ braucht 'nen Denkzettel, so geht das nicht weiter *Pünktlichkeit ist oberstes Gebot!* denn nach wie vor steht er hochmütig an der Tür, morgens, viertelnachsieben, und jeden Abend um halbfünf und zu den Pausen und wehe, wenn einer mal bummelt *Ich bin in meinen fünfundzwanzig Betriebsjahren noch kein einziges Mal auch nur eine Minute zu spät gekommen, ihr Schlappschwänze, die ihr seid! Und ich werde euch schon auf Vordermann bringen! Und ich werde euch schon zeigen, was hier gespielt wird, darauf könnt ihr euch verlassen, ihr trüben Tassen, ihr verweichlichten Mamasöhnchen! Ordnung zählt hier! Disziplin und Pünktlichkeit!*
Und wer als erster auf die Idee kommt, das bleibt im dunkeln, tut auch nichts zur Sache, auf jeden Fall, so geht's nicht weiter, und die Idee ist echt 'ne Bombe, und so geht das ganz bestimmt, aber von den dreißig Leuten dürfen's nur wenige wissen; Jo Frech und Bohnenstange und Tschortschie Braun und noch paar, und das läuft. Das klappt. So wird's gemacht. Das wird jetzt durchgezogen. Dem wird's besorgt. Ganz klar!
Und nach 'ner Woche ist das Ding ausbaldowert, steht der Zeitplan fest, ist alles astrein, wissen sie, das L-Willy Kleinschmidt gegen fünf vom Betrieb kommt, den VW in die Garage stellt, den Schäferhund an die Leine nimmt und dann erstmal so 'ne halbe Stunde durchs Feld trabt. Bei Wind und Wetter. Dann

erstmal was Handfestes gespachtelt. Schinken oder Preßkopp oder so was urdeutsches. Und dann erstmal so bis zum Dunkelwerden im Garten rumgefuhrwerkt. Und gegen halbzehn klemmt er sich seine Else unter'n Arm und trabt mit Hund und Frau nochmal los. So 'ne Stunde kreuz und quer durchs Gelände. Danach Licht aus und Feierabend. Und das jeden Tag. Und weil das so ist, treffen sie sich zu viert am folgenden Montagabend um neun mit ihren Mopeds vor'm ›big john‹, genehmigen sich noch jeder 'nen halben, dann steigt die Sache. Lodenmantelwilly trabt mit Frau und Hasso irgendwo übern Feldweg. Countdown läuft.

Bohnenstange und Jo Frech und die anderen von hinten her durchs Radieschenbeet an die Garage ran. Bepackt mit Wagenheber, Schraubenzieher, Kreuzschlüssel, zwei ausgewachsenen Hohlblocksteinen. Noch zwei Hohlblock werden im zweiten Durchgang rangeschafft. Bohnenstange läuft mit 'ner Uhr durch'n Hof, hält Ausschau, steht Schmiere. Nachbarn gibt's nicht. Zum Glück. Der Bunker liegt mitten in der Landschaft. L-Willys Alter muß wohl mal Bauer oder sowas gewesen sein. Naja, scheiß drauf.

Die Bohnenstange steht also Schmiere. Die anderen drei klotzen ran: Radkappen runter, Muttern los, Wagenheber unter die Hinterachse, die ganze Kiste hochgepumpt, Muttern raus, Rad abgehoben, Hohlblock unter die Achse, den ganzen Mist wieder runtergelassen. Der Schweiß läuft die Arschkerben runter. Egal! Die Type kriegt's von ihnen besorgt. Heute. Und gründlich! Schafft ihr's? – Klar doch! Paß auf, daß die nicht aufkreuzen! – Nu macht mal!

Vorne das ganze nochmal. Erst links, dann rechts – geschafft! Räder alle fein säuberlich an die Achsen gelehnt, Radkappen drauf – Schöne Grüße vom Zorro!

Und anderntags steht kein Lodenmantelwilly an der Tür und von wegen *Pünktlichkeit ist oberstes Gebot!* oder so. Nicht um viertelnachsieben, nicht um neun, nicht um zehn. Angenehm ruhig ist's in der Werkstatt.

Wo is'n der Herr Oberlehrgeselle? – Der hat sich 'n Tag frei genommen. Da muß was mit sei'm VW nicht in Ordnung sein! sagt der Vize. Und Jo Frech und Bohnenstange und die andern reiben sich die Hände, und Tschortschi Braun kann einfach nicht mehr den Mund halten und erzählt's dem Stiftekoppjürgen, nachdem der hat versprechen müssen, daß er den Mund hält, und Stiftekoppjürgen findet das zwar gut, meint aber, daß das Ganze doch nur'n schäbiger Furz gewesen wäre, und da hat der Stiftekoppjürgen sicher auch nicht ganz unrecht damit. Aber wenn's keine Fürze gäbe, so wie der eben, was denn dann, wenn's einen

mal richtig drückt und kneift und man gar nicht mehr anders weiß, wie denn sonst?
Alles in sich reinfressen?
Und auch noch danke schön sagen für jeden Arschtritt?
Wenn's schon nicht anders geht, ist doch so'n Furz immer noch besser als gar nichts, denn der verschafft wenigstens Erleichterung.

Herbert Friedmann

Kollege Bildverkäufer

Sechs Uhr früh.
Da standen sie sich wieder in der zugigen Bahnhofshalle gegenüber. Der Mann in der weißen Jacke und dem Stapel Bild in den Händen, und der Kommunist, seinen Packen Wahrheit hochhaltend.
Morgen, grüßte der Kommunist zähneknirschend.
Morgen auch, brummte der Bildverkäufer zwischen zwei Kunden zurück. Die Geschäfte des Bildverkäufers gingen wie gewohnt gut. Er stand wie immer am selben Fleck neben dem Fahrkartenautomat und zog die Leute an, als hätte er Geld zu verschenken.
Der Kommunist hatte es schwerer mit seinen Flugblättern. Er mußte auch schon mal zu den Vorbeiströmenden gehen. Problematisch wurde die Sache dadurch, daß der Bahnhof gleich zwei Ein- und Ausgänge hatte. Der Kommunist eilte mal zu der und mal zu der Tür. Aber viele Leute gingen ihm durch die Lappen.
Nächstesmal muß noch ein Genosse mit, dachte er gerade, als der Bildverkäufer verschmitzt lächelnd auf ihn zukam.
Der soll mich bloß nicht anmachen, dachte der Kommunist.
Du, sagte der Bildverkäufer freundlich, ich habe den Kandidatenbrief von dir gelesen. Finde ich gut, was du schreibst.
Es entstand eine Verlegenheitspause. Der Kommunist kramte ein Päckchen Zigaretten aus der Hosentasche hervor. Die beiden rauchten. Unterdessen hatte der Bildverkäufer schon wieder vier Bild verkauft.
Weißt du was, sagte er auf einmal, gib mir ein paar von deinen Flugblättern her. Ist doch schwierig, bei so vielen Zugängen alles unter die Leute zu bringen, und zu mir kommen sie sowieso. Ich lege sie bei mir zwischen die Bildzeitung.

Franco Biondi

Der Opa und der Unternehmer

In der Metallindustrie gab es einen Streik. In einem mittleren Betrieb hielten die Arbeiter eifrig Streikposten. Selbst der Boß wagte sich nicht hinein.
Nach acht Tagen Streik lief ein Gerücht um, daß Streikbrecher über Nacht in den Betrieb rein sollten.
Schorsch und einige Kollegen gingen daraufhin mit einem Schweißgerät zum Fabriktor.
Bei Sonnenaufgang war der Chef schon vor dem Tor, um den Streikbrechern freie Bahn zu machen. Er steckte den Schlüssel ins Schloß und drehte ihn verzweifelt hin und her. Das Tor ging nicht auf. Nach einiger Zeit bemerkte er die Schweißnähte. Daraufhin versuchte er, über das Tor zu springen. Als er oben war und gerade drüberwollte, blieb er mit der Hose an einem Torpfeil hängen. Der Pfeil schob sich zwischen den Gürtel und seinen Arsch, so daß er nicht mehr runter konnte. Bei jedem Versuch riß die Hose weiter.
Nach einiger Zeit kam ein achtzigjähriger Opa vorbei. Er hörte Rufe. Der Opa ging zum Tor und fragte: »Ehi, was machen Sie denn da?«
»Kein Unfug!« rief der Unternehmer mit rotem Kopf. »Helfen Sie mir, runterzukommen!«
»Sind Sie denn nicht der Boß der Fabrik hier?«
»Ganz recht«, antwortete der Unternehmer.
Der Opa hob seinen Stock und schlug ihm auf die Beine.
»Da, da und da! Die Arbeiter streiken, weil sie nicht genügend verdienen und schlechte Arbeitsbedingungen haben, und Sie hängen da rum.«

Carl Wüsthoff

Die Haifische und wir

Also, meine Frau und ich sind so richtige Wasserplanscher. Das Wasser ist unser Element. Und besondere Probleme hat so'n Wassermensch nur, wenn er nicht schwimmen kann.
Wir beide haben keine Probleme.
Letzten Sommer paddeln wir da so auf dem Ozean rum und

haben einen Schiffbruch, wie er in so manchen Abenteuerromanen steht.
Meine Frau hat natürlich, wie Frauen eben sind, den dazugehörigen Lärm an Bord gemacht.
Das Rettungsboot könne sie in keiner Packtasche finden, den Bordtelegraphen hätte ich vergessen einzupacken, und somit könnten wir weder die Unfallnummer anrufen noch in ein Rettungsboot umsteigen. Wirklich, sie hat mich behandelt wie ein Steuermann seinen Moses zur Segelschiffszeit.
Aber trotzdem!
Wir haben doch auch wieder Glück im Unglück gehabt.
Dichtebei sah eine Sandbank aus dem Wasser. Da sind wir dann drauf zu. Haben uns auf die Bank gesetzt, mit den Füßen im Ozean geplätschert und Ausschau nach Neptun gehalten.
Der Neptun ist da auf dem Ozean sowas wie »Dein Freund und Helfer« auf dem Festland.
Ist aber auch, wenn ihn brauchst, schwer zu finden.
Wir haben dann da auf der Bank gesessen, egal weg geplätschert und festgestellt, daß wir da mitten im Wasser ganz gewaltig auf dem Trockenen saßen.
Nach einer Weile fragt meine Frau ganz spitz: »Na, hoffst immer noch auf diesen Neptun?«
Ich sage: »Ja natürlich! Einmal muß er hier ja vorbeikommen auf seiner Inspektionsreise.«
»Na«, sagt sie, »dann hoff man weiter. Ich sage jedenfalls, Hoffen und Harren hält manchen zum Narren.«
Wir haben uns also so friedlich wie möglich miteinander unterhalten, bis wir merkten, daß noch mehr Lebewesen im Wasser planschten.
Wir lauschten.
Meine Frau sagt: »Du! Dein Hoffen scheint sich gelohnt zu haben. Dein Neptun ist sicher im Kommen.«
Und wir machten uns denn ja hoch.
Aber ein Neptun war nirgends zu sehen.
Nur eine Menge Haifische paddelte da herum.
Und sahen uns ganz neugierig an.
Also das war ja nun wirklich ein Schreck in der Mittagspause.
Was ich nie gedacht hätte! Meine Frau kriegt bei diesem Anblick das Klappern.
Da macht sich der größte Hai mit dem Kopf aus dem Wasser, schielt uns neugierig an, sagt im besten Hochdeutsch: »Warum, gnädige Frau, klappern Sie denn so mit ihren Zähnen?«
Also sowas!
Noch nie wurde sie mit »gnädige« Frau angeredet. Hier aber, mitten im Ozean, spricht ausgerechnet ein Hai sie so an.

Kein Wunder, daß sie da ihre ozeanische Bräune verlor und blaß wie die gebleichten Gerippe wurde, die da auf den Sandbänken herumlagen.
Nun ist das ja verschieden mit den menschlichen Reaktionen. Wenn ich einen Schreck kriege, kommt mir das Grinsen.
Sie sieht mich also grinsen, wird sofort wieder die mutige Wassersportlerin und sagt naßforsch zu dem Hai: »Was geht Sie das an, Sie häßliches Schwimmobjekt!«
Der Hai hatte sicher Erfahrung mit resoluten Damen. Der sagt ganz gemütvoll: »Entschuldigen Sie bitte, ich wollte nur sagen, wir haben etwas Mitleid mich euch.«
»Wieso denn das?« fragt meine Frau. »Mit uns braucht ihr kein Mitleid haben. Wir wollen uns hier bloß ein bißchen ausruhen. Wir fahren mit der nächsten Flut weiter.«
»Na na«, sagt der Hai »nun geben Sie man nicht so an. Wir wissen doch, wie es um euch steht. Ich wollte nur sagen, wenn es soweit ist, daß wir euch fressen, dann machen wir das so, daß ihr das kaum merkt.«
Also da wurde meine Frau ja nun resolut.
»Ja sag bloß!« sagt sie, »wie stellst dir denn das vor? Denkst du, wir haben die Hosen voll? Und ich klappere aus Angst vor euch mit meinen Zähnen? Da irrst dich aber gewaltig. Was du für Angst hältst, ist Vorsorge. Ich telegraphiere mit meinem Sohn und sage ihm, daß ihr uns hier auf die Nerven geht.«
O, wie hat sie die Biester angeschrien! Owei, Owei!
Aber der Hai blieb trotzdem ruhig.
Vielleicht hatte er ja zu Hause auch solch lebhaftes Eheweib und war sowas gewohnt.
Er fragt: »Was ist denn das nun schon wieder für ein neumodisches Instrument. Dein Sohn?«
»Du wirst es bald kennen lernen«, sagt sie, »das ist dreimal so groß wie ein Walfisch und sagt, daß es bald kommen werde, euch fressen, wenn ihr nicht bald verduftet.«
»Gnädige Frau«, sagt der Bursche jetzt wieder, »wir wollten doch bloß ...«. Also man konnte direkt merken, daß er Eindruck schinden wollte.
Meine Frau merkte das natürlich auch und sammelte ihre ganze Intelligenz zusammen, um Siegerin zu bleiben.
Und hat es auch geschafft.
Sie hat solange mit den Biestern rumdebattiert, bis Ebbe war. Und da lagen sie dann alle in dem Ufersand und konnten nicht mehr zurück ins Wasser.
Und als sie das merkten, ging's Geschrei los.
Da meinten sie, wir als gebildete Mitteleuropäer müßten doch Telefon an Bord haben. Da wollten sie also mit dem Tierschutz in

Honolulu sprechen. Unser Professor Schiemeck wäre ihnen auch angenehm. Und noch andere Leute, die für jede Sache ein Rezept haben, wollten sie ansprechen.
Das waren also ganz gebildete Raubtiere. Die wußten Bescheid. Die waren mit allen süßen und salzigen Wassern gewaschen. Beinahe hatten wir schon Mitleid mit den Biestern.
Da so in der prallen Sonne zu liegen, ist ja auch nicht jedermanns Sache. Zumal sie sich nicht mal einen Strohhut mitgebracht hatten.
Von dem Krach wurden auch noch andere Meeresbewohner angelockt. Von der anderen Seite der Sandbank sahen eine Menge Schellfische dem Zauber zu. Da konnte man so richtig erleben, daß Schadenfreude die reinste Freude ist.
Ich habe diese Zaungäste gefragt, ob sie einen Vorschlag machen könnten in punkto Rettungsaktion. Aber da kam ich schön an. Das waren alle absolut praktisch denkende Lebewesen. Die redeten plattdeutsch mit uns.
»Ach watt.« Sagten sie. »Sonn Haifisch is en Beest von Natur, denn treckt man dat Fell öwert Uhr.«
Wir haben diesen Rat dann befolgt.
Meine Frau hat sie schön knusprig gebraten, und es wurde ein schmackhaftes Festmahl.
Alle Meeresbewohner kamen, ohne daß wir Einladungen verschicken brauchten.
Trotzdem blieb noch eine Menge übrig.
»Also den Neptun, den hätte ich ja, trotzdem er uns hier sitzen läßt, doch gerne mal an meine Tafel gehabt. Das wäre mir eine große Freude gewesen.« Sagte meine Frau.
Und sah ganz traurig aus. Solch gute Gelegenheit, den Meeresgott mal zu verwöhnen, konnte sie nicht nutzen.
Ich konnte vor Schreck nicht mal grinsen, als ich das hörte. Da kannst noch soviel Verstand im Kasten haben, gegen solch Herzchen kommst einfach nicht an.
Sei es aber wie es sei.
Wir haben ohne Neptuns Hilfe überlebt.
Haben uns aus den übrig gebliebenen Gerippen ein Floß gebastelt und sind weiter geschippert.
Immer weiter und weiter.
An diesem schönen Strand sind wir dann an Land gegangen.
Wirklich eine schöne Gegend hier. Auch die Menschen sind nett zu uns. Ein Nachbar hat uns schon besucht und erzählt, daß sie hier auch mit ihren Haien viel Ärger haben.
Da waren wir natürlich platt.
Hier gibts also auch Haie!
»Jaaaa«, sagt er: »Die hier bei uns sind natürlich eine andere

Rasse. Die Biester hier bei uns liegen nicht auf Sandbänken. Die heißen hier bei uns Finanz- und Wirtschaftshaie und liegen auf Geldsäcken. Haben aber sonst dieselben Eigenschaften wie die im Ozean. Die zeigen auch jedem anständigen Menschen ihre häßlichen Zähne und können den Hals nie voll genug kriegen.«

»Ja, lassen sich die Leute denn das alles so gefallen?« fragt meine Frau.

»Ja«, sagt der Nachbar, »die Leute kennen das ja nicht anders.«

»Ja, lesen die Leute hier denn keine Zeitung?« Fragt sie.

»Ja doch«, sagt er. »Die Leute hier lesen schon seit zwanzig Jahren die Bildzeitung.«

»Na gibts denn sowas?« sagt meine Frau. Und fängt denn auch gleich an, die Leute über diese Zeitung aufzuklären.

»Und wenn diese Biester, diese Haie«, sagt sie, »mal auf dem Trockenen liegen, müßt ihr sie nicht wieder hochpäppeln und mit vornehmen Handschuhen anfassen. Denn sobald die wieder jappen können, fressen sie euch gleich wieder das beste Fett weg.

Das müßt ihr so machen, wie es uns die anständigen Fische im Ozean gelehrt haben: Sonn Haifisch is en Beest von Natur, denn treckt man dat Fell öwert Uhr.«

Alle mit anfassen!

Mit Hauruck und Zack Zack!

Jochen Zillig

Verbesserungsvorschlag

Hendrik Jörnsen

6100 Darmstadt, 7. 3. 77
Pankratiusstraße 34

Fa.
EMARCK GMBH
– Geschäftsleitung –
Frankfurter Stadtstraße 210
6100 Darmstadt

Betr.: Verbesserungsvorschlag
Bez.: Ihr Aushang am »Schwarzen Brett« am Dienstag vergangener Woche

Sehr geehrte Herren,
sicher werden Sie mich nicht kennen, aber ich bin seit 26 Jahren Mitarbeiter in Ihrem Produktionsbetrieb Pharmazie 4 und prüfe dort den Inhalt zuvor verschweißter Kabion-Ampullen auf ihre Reinheit.
In meiner Freizeit machte ich mir bisher schon öfters Gedanken, wie ich Ihnen, unserer allseits geschätzten Betriebsleitung, dabei helfen könnte, das Unternehmen kostengünstiger zu führen. Schließlich lag und liegt mir, genau wie Ihnen, die Sorge um den Erhalt der Arbeitsplätze am Herzen!
Als Sie nun kürzlich am »Schwarzen Brett« einen Aufruf an uns langjährige und erfahrene Mitarbeiter richteten, in dem wir angehalten wurden, Verbesserungsvorschläge einzureichen, die geeignet wären, den Gewinn des Betriebs zu erhöhen und damit Entlassungen zu vermeiden, fiel es mir plötzlich wie Schuppen von den Augen! Ich wußte, wie ich unserem großen und bedeutenden Unternehmen zu einer jährlichen Mehreinnahme von rund 3,6 Millionen Mark verhelfen kann!
Wie Sie wissen, gibt es da doch diese Emarck-Familie. Ich meine die vielen Brüder, Schwestern, Tanten, Neffen, Nichten und Schwägerinnen, die alle den Namen unserer Firma tragen und als Mitgesellschafter des Unternehmens eingetragen sind.
Diese vielen Emarcks erhalten nun, obwohl sie gar nichts arbeiten, jährlich die oben erwähnte Summe aus dem Gewinntopf.

Und was wissen sie damit schon anzufangen? Sie werden es ja selbst täglich im »Darmstädter Echo« lesen, daß sie ihr Geld, um es überhaupt loszukriegen, Tennisvereinen, Golfclubs oder einer christlichen Partei anvertrauen.
Nichts gegen Sport und/oder Politik, aber unser Betrieb geht vor! Finden Sie nicht auch, daß dieses hemmungslose Geldverschenken sein Ende haben kann? Mein Verbesserungsvorschlag sieht nun vor, den Emarcks die Millionen zu sperren und sie gleichzeitig wieder an geregeltes Arbeiten zu gewöhnen. Sie sollen ja schließlich nicht verhungern!
Auch hier habe ich mir bereits Gedanken gemacht. Sie wissen vielleicht noch, daß 1969 der Arbeitsplatz neben mir nach dem frühen Tod meiner Kollegin Rosemarie Markert nicht mehr besetzt wurde und ich seitdem ihre Arbeit mitverrichten muß. Diesen Arbeitsplatz könnten die Emarcks doch, zunächst im täglichen Wechsel, besetzen, bis sie sich wieder an Arbeiten gewöhnt haben und die vollen 40 Wochenstunden aushalten!
Mein Vorschlag hinsichtlich der Besetzung dieses Arbeitsplatzes hat noch einen weiteren Vorteil für unsere Firma: Ich bliebe ihr gesund erhalten, bis ich mit 62 in den verdienten Ruhestand träte, und fiele nicht mehr durch gelegentliche Krankheiten oder Kuraufenthalte aus!
Zuletzt sei daran erinnert, daß Sie wohl auch das Geld für die Todesanzeigen in den beiden Darmstädter Tageszeitungen sparen würden, wenn ich dem seit 1969 verdoppelten Arbeitsstreß nicht mehr unterläge. Gerade erst kürzlich erklärte mir nämlich mein Arzt, ich hätte mit dem Schlimmsten zu rechnen, wenn ich weiterhin so hart arbeiten müßte.
Da Sie meinen Verbesserungsvorschlag sicherlich annehmen werden, steht mir ein Zehntel der Summe zu, die Sie dadurch jährlich einsparen. Da ich kein egoistischer Mensch bin, sondern immer das Allgemeinwohl im Auge habe, bitte ich Sie, jene 360 000 Mark allen Arbeitern und Angestellten unserer Firma bei der nächsten Lohnzahlung anteilsmäßig zuzuweisen.

Mit vorzüglicher Hochachtung
Hendrik Jörnsen

Jochen Zillig

Gesucht: Der Ladendieb

**AKTIONSGEMEINSCHAFT
ZUR VERHÜTUNG VON LADENDIEBSTAHL –
SCHUTZ VOR DEM LADENDIEB**

50 DM Belohnung erhält jeder, der den **LADENDIEB** auf frischer Tat ertappt und unverzüglich dem Betriebsrat unseres Kaufhauses meldet.

Besondere Hinweise

Der **LADENDIEB** beraubt regelmäßig auf hinterhältige und gemeine Weise die Mitarbeiter unseres Kaufhauses um einen beträchtlichen Teil ihres Lohns. Der **LADENDIEB** ist daher unter dem Namen **MEHRWERTRÄUBER** oder auch **PROFITGEIER** bekannt geworden.

Dem **LADENDIEB** gelingt es ferner immer wieder, die Preisauszeichnungen der angebotenen Waren zuungunsten der Käufer zu verändern. Dadurch erwächst dem Kaufhaus beträchtlicher Schaden, da die sich so verärgerten Kunden anderswo mit dem Notwendigen versorgen.

Der **LADENDIEB**, der fernab der lauten Stadt ein zurückgezogenes und luxuriöses Leben führt, fällt dem ungeübten Beobachter wegen seines allzeit gepflegten Äußeren und seines sicheren Auftretens nicht oder nur wenig auf. Er versteht es sogar, sich einzuschmeicheln, so daß er als Wohltäter und Menschenfreund erscheint. Dann setzt der **LADENDIEB** die Mitarbeiter und Kunden für seine verbrecherischen Taten als williges Werkzeug ein.

Daher:

BETEILIGEN SIE SICH AN DER »AKTION VERHINDERUNG VON LADENDIEBSTAHL – SCHUTZ VOR DEM LADENDIEB«

Ihr Betriebsrat

Thomas Roos

Die Entlassung

Wenn er nur gewußt hätte, wie er es ihm sagen sollte. Der würde es nie und nimmer verstehen. Aber die Kollegen hatten gemeint, daß es sein müßte. Er wußte es ja auch! Das Gesicht des Chefs konnte er sich gut vorstellen. Sicher würde er wieder schreien – das wenigstens konnte er, hatte er auch schon oft genug bewiesen.
Trotzdem hoffte Bauder immer noch, es dem Chef sachlich erklären und verständlich machen zu können.
»Bauder«, würde der Chef schreien, »Bauder, was fällt Ihnen ein!« Und er müßte in so einem Fall schön ruhig bleiben und sanft wie auf ein Kind auf den Chef einreden. Reden konnte er schon! Und eigentlich waren die Argumente, die er vorbringen würde, logisch und unwiderlegbar, aber – wie soll man es sagen – vielleicht so: Der Chef und er lebten in zwei verschiedenen Welten, sahen alles unter jeweils anderen Gesichtspunkten, aus verschiedenen Perspektiven. Wahrscheinlich, weil er ein einfacher Arbeiter war und seinem Chef immerhin das Werk gehörte. Solche Dinge führen schneller, als man denkt, zu verschiedenen Anschauungen.
So stand Bauder vor der Tür des Chefs und klopfte an. Höflich grüßte er den Chef, der grüßte ebenso höflich zurück. Er begann ihm von den Beschlüssen und Überlegungen der Arbeiter zu erzählen, bat um Einsicht und Verständnis. Er dürfe gerne sein ganzes Privateigentum behalten, nur, so hätten die Arbeiter gemeint, könne man ja das, was man zu Produktionsmitteln zähle, wie seine Maschinen, nicht als Privateigentum bezeichnen. Was er auch privat mit so viel Maschinen machen solle.
Die Belegschaft wünsche dem Herrn Direktor für seinen weiteren Lebensweg alle Gute, er solle sich seinen Lebensabend gemütlich einrichten – er habe ja so schöne Häuser, Grundstükke, Autos. Und etwas Geld würde er sicher auch zurückgelegt haben. Sollte er dennoch mal eine Stelle suchen, würde ihn die Firma natürlich bevorzugt einstellen. Er solle doch bitte schön auch nicht traurig sein und daran denken, daß er schließlich nur einer von vielen sei, denen es so ginge.
Am Anfang brüllte der Chef ziemlich laut, dann mischte sich Schluchzen unter, bis er am Schluß die Ausweglosigkeit erkannte und stumm in seinem Sessel versank, nur noch stumpfsinnig vor sich hinglotzend. Bauder hätte fast Mitleid gepackt.

Er trat vor den Chef und reichte ihm die Hand, um sich zu verabschieden. Der Chef sah es nicht.
Mehr murmelnd und schluckend als sprechend, bat er Bauder, noch einmal das Firmentelefon benutzen zu dürfen, um seinen Chauffeur zu bestellen.
Als das erledigt war, überlegte er, daß die Einrichtung seines Zimmers, zumindest soweit sie nicht direkt zur Arbeit diente, nicht als Produktionsmittel bezeichnet werden könne.
Er bat seine Sekretärin um ein paar Plastiktüten und fing an, alles, was nicht niet- und nagelfest war, einzupacken. Als nach 20 Minuten sein Mercedes 450 auf das Firmengelände fuhr, stand der Chef schon fertig bepackt, mit fünf vollen Tragetüten vor dem Eingang. Unter die Arme hatte er sich die Stehlampe und einige leere Leitz-Ordner geklemmt. Beim Einsteigen fielen ihm, zu allem Unglück, zwei teure Kristallweingläser aus der Jackentasche und zerklirrten laut.
Die Arbeiter, die sich das alles mitansahen, fanden die Szene beinahe rührend. Wie sich der Chef mit solchen kleinen Erinnerungsstücken abmühte – so viel Gefühl hätten sie ihm nie zugetraut.
Als der Wagen das Betriebsgelände verließ, winkten ihm alle jubelnd nach.

Peter Fischbach

Für die Gesundheit

Bei Arbeitskämpfen,
auf Kundgebungen und Demonstrationen
sieht man in der letzten Zeit
immer häufiger die geballte Faust,
das Symbol der Arbeiterbewegung
für Kampfbereitschaft und Solidarität.
Es ist doch erfreulich,
daß man mit diesem Zeichen
gleichzeitig etwas für seine Gesundheit tut.
Der »Bonner Generalanzeiger« schrieb
über die Vorschläge des Höhenmediziners
Dr. Hans Albrecht
zur Vermeidung von Herzinfarkten folgendes:
»Dem Herzen durch Muskelbewegung
etwas Gutes tun, zum Beispiel
mehrmals am Tag eine geballte Faust machen.
Eine Übung, die auch am Arbeitsplatz möglich ist.«

Nachwort

Der Leser hat in diesem Band keine Witze über den dummen Lehrling, über Ostfriesen, über Arbeitsemigranten, über Frauen als Hausdrachen oder Lustobjekte, über Nervenkranke usw. vorgefunden. Das Fehlen solcher Art von Humor hat seinen Grund.

Jedes Lachen hat einen Standpunkt. Jedes Lachen ergreift Partei. Denn Lachen hat nicht allein mit Emotion zu tun, sondern vor allem mit Erkenntnis. Auch unser Lachen ergreift Partei, aber gegen schlechte gesellschaftliche Zustände, gegen unterdrückende Minderheiten und für die Verbesserung der Lebenssituation der abhängig arbeitenden Mehrheit der Bevölkerung.

Humor, Satire, Witz und Ironie in den Gedichten und Liedern, in den kurzen und längeren Prosatexten dieses Bandes wollen politische und andere Widersprüche sichtbar machen, hinter dem Komischen das Gesellschaftliche aufleuchten lassen, sie dienen nicht der Realitätsflucht, nicht der Resignation, nicht der versöhnlichen Anpassung an die herrschenden Zustände.

Unsere Selbstkritik führt Typen und Verhaltensweisen vor, die wir nicht billigen, unsere Kritik entlarvt Elemente der herrschenden Ideologie. Die Satiren auf das bedrohlich anwachsende Ausmaß an Unterdrückung in der BRD machen die Auswirkungen staatlicher und unternehmerischer Willkür deutlich; in manchen dieser Beiträge findet das Lachen und Schmunzeln, das laute und leise Vergnügen am Text seine Grenzen in bitterem Ernst.

Aber auch helle Töne werden angeschlagen. Kleine, nicht sehr bedeutende Erfolge des Augenblicks, aber auch die Andeutung künftiger größerer Möglichkeiten verweisen auf die positive Alternative. Auf diese Weise soll den Kolleginnen und Kollegen Lebensmut vermittelt werden, damit sie nicht resignieren und sich im stillen Kämmerlein verkriechen, sondern Spaß finden an individuellen und kollektiven Aktions- und Veränderungsmöglichkeiten.

Von wirklich »befreiendem« Lachen kann nur da die Rede sein, wo mit den Mitteln des Komischen die herrschende Klasse und ihre Vertreter angegriffen und in Frage gestellt werden. Freilich kann nicht lachen in diesem Sinne, wer die Realität hinnimmt, wie sie ist, wer nur Verzweiflung, Hoffnungslosigkeit und Ausweglosigkeit fühlt.

Selbstverständlich wissen wir, daß das Lachen nicht unsere Bemühungen um die Verbesserung der realen Situation der Arbeitenden ersetzen kann. Aber es kann auf spielerische Weise die Richtung unserer Bemühungen angeben. Denn wenn wir lachen, stellen wir uns über das, was uns ärgert, und sehen die Dinge vom Standpunkt dessen, was sein wird. Im Lachen nehmen wir das bessere Künftige vorweg.

Die Herausgeber

Die Autoren und Herausgeber

Jürgen Alberts, 1946, Journalist, IG Druck und Papier, Werkstatt Bremen
Peter Aschenbrenner, 1952, Sozialarbeiter, Werkstatt Nürnberg
Wilfried Bienek, 1949, Pressefotograf, IG Druck und Papier, Werkstatt Recklinghausen
Franco Biondi, 1947, Elektroschweißer, IG Metall, Werkstatt Frankfurt
Hilde Biondi, 1950, Bankangestellte, HBV, Werkstatt Frankfurt
Ulrich Birkner, 1945, Arbeiter, IG Druck und Papier, Werkstatt Buchholz/Nordheide
Georg Diederichs, 1954, Krankenpfleger, Werkstatt Frankfurt
Peter Fischbach, 1949, Lehrer, GEW, Werkstatt Hamburg
Claus-Jürgen Fischer, 1952, Lehrer, z. Z. arbeitslos, GEW, Werkstatt Bremen
Herbert Friedmann, 1951, Einzelhandelskaufmann, z. Z. arbeitslos, IG Metall, Werkstatt Darmstadt
Sigfried Grundmann, 1924, Korrektor, IG Druck und Papier, Werkstatt München
Rudi Kaske, 1950, Elektromechaniker, IG Metall, Werkstatt Frankfurt
Peter Kühn, 1948, Lehrer, Liedermacher, GEW, Werkstatt Mannheim
Jo Mateiko, 1918, Tiefbauarbeiter, Liedermacher, ÖTV, Werkstatt Frankfurt
Ingrid Müller, 1953, Lehrerin, z. Z. arbeitslos, GEW, Werkstatt Bremen
Jürgen Pawlick, 1951, Lehrer, GEW, Werkstatt Recklinghausen
Heinrich Peuckmann, 1949, Lehrer, GEW und IG Druck und Papier, Werkstatt Dortmund
Wolfgang Pietsch, 1926, Buchdrucker, IG Druck und Papier, Werkstatt Stuttgart
Johann Reiners, 1907, Rentner, IG Metall, Werkstatt Bremen
Thomas Roos, 1955, Verwaltungsinspektor, ÖTV, Werkstatt Stuttgart
Artur Rümmler, 1943, Feuilletonredakteur, jetzt Lehrer, GEW, Werkstatt Darmstadt
Horst Scharnagl, 1952, Lokomotivführer, GdED, Werkstatt Frankfurt
Erasmus Schöfer, 1931, Schriftsteller, IG Druck und Papier, Werkstatt Düsseldorf
Margot Schroeder, 1937, Schriftstellerin, IG Druck und Papier, Werkstatt Hamburg
Dieter Schwenke, 1950, Lehrer, GEW, Werkstatt Düsseldorf
Rudolf Trinks, 1919, Bergmann-Invalide, IGBE, Werkstatt Dortmund
Rolf Weingärtner, 1952, Drucker, IG Druck und Papier, Werkstatt Frankfurt
Wicht (Pseudonym), 1948, Studienreferendar, Werkstatt Nürnberg
Ralf Winkler, 1915, Maschinenschlosser, jetzt Hausmann, Werkstatt Zürich
Hans-Georg Wiemers, 1956, Industriekaufmann, IG Metall, Werkstatt Marburg
Carl Wüsthoff, 1902, Rentner, IG Metall, Werkstatt Hamburg
Jochen Zillig, 1947, Lehrer, GEW, Werkstatt Mannheim

Die Grafiker und Bildquellen

Kornelia Hafner, 1946, Lehrerin, GEW, lebt in Frankfurt
Illustrationen auf Seite: 73, 95, 99, 109, 145

Walter Kurowski, 1939, Grafiker, lebt in Oberhausen
Karikaturen auf Seite: 15, 121, 135

Guido Zingerl, 1933, Grafiker, lebt in München
Karikaturen auf Seite: 79, 101, 153

Seite 11: Aus: Fischer, Gesellschaft und Politik, Metzlersche Verlagsbuchhandlung (Radierung von Hugo Burkner).
Seite 67: Aus: »Der wahre Jacob«, Nr. 411/1902.
Seite 117: Aus: Grandville, Entwürfe einer anderen Welt (dtv), S. 148 (Ausschnitt).

Werkkreis — Anschriften

Werkkreis Literatur der Arbeitswelt, 5 Köln, Postfach 180 227

Kontaktadressen der Werkstätten sind über die zentrale Anschrift zu erfragen.
Eine Mitarbeit im Werkkreis ist auch brieflich über die nächstliegende örtliche Werkstatt möglich.

Region Nord (Werkstätten in: Braunschweig, Bremen, Hamburg, Hannover)

Region West (Werkstätten in: Dortmund, Mülheim, Münster, Recklinghausen)

Region Mitte (Werkstätten in: Köln, Düsseldorf, Marburg, Neuss, Siegen)

Region Südwest (Werkstätten in: Frankfurt, Göttingen, Karlsruhe, Mannheim, Reutlingen, Stuttgart)

Region Süd (Werkstätten in: Augsburg, München, Nürnberg, Ravensburg)

Werkstatt
Westberlin: Wolfgang Röhrer, 1 Berlin 46,
Sonderhauser Straße 75 a

Werkstatt
Basel: Hans-Peter Gansner, Petersplatz 11,
CH-4051 Basel, Schweiz

Werkstatt
Zürich: Werkstatt schreibender Arbeiter Zürich
Postfach 12 · CH-8155 Oberhasli

Grafikwerkstätten in: Augsburg, Dortmund, Köln, Mülheim, Münster, Wuppertal
Kontaktadresse: Jörg Scherkamp, 89 Augsburg, Kohlergasse 16

Grafikwerkstatt
Westberlin: Gabi Röhrer, 1 Berlin 46, Sonderhauser Straße 75 a

Zentrales Konto des Werkkreises: Postscheck Köln 27 37 07